Jörg Berger

STACHELN IN DER PARTNERSCHAFT

Jörg Berger

Stacheln in der Partnerschaft

Wie Sie Ihre Liebe vor Verletzungen schützen

francke

Über den Autor:
Jörg Berger ist als Psychotherapeut und Paartherapeut in eigener Praxis tätig. Er hat zahlreiche Sachbücher und Zeitschriftenartikel veröffentlicht und gehört dem freien Redaktionsteam der Zeitschrift family an.

Bibliografische Information Der Deutschen Nationalbibliothek
Die Deutsche Nationalbibliothek verzeichnet diese Publikation
in der Deutschen Nationalbibliografie;
detaillierte bibliografische Daten sind im Internet
über http://dnb.ddb.de abrufbar.

2. Auflage 2017
ISBN 978-3-86827-612-1

35037 Marburg an der Lahn
Illustrationen im Innenteil: Thees Carstens
Umschlagbild: © iStockphoto.com / Mikhail Kokhanchikov
und Emine Bayram
Umschlaggestaltung: Verlag der Francke-Buchhandlung GmbH /
Sven Gerhardt
Satz: Verlag der Francke-Buchhandlung GmbH
Printed in Czech Republic

www.francke-buch.de

Inhalt

Meiner Frau Myriam, der ich viele unbequeme Einsichten verdanke
und die den wunden Punkten,
die hinter meinen Stacheln liegen, sehr guttut.

Einführung

„Autsch!" – Manchmal schmerzt sogar, was wir in unserer Partnerschaft erleben. Kein Mensch kann ohne seine Schutzmechanismen leben und so stellen wir auch in der Liebe unsere Stacheln auf. Aber ob das nur zu ein paar Kratzern führt oder zu tödlichen Wunden, das bestimmt jedes Paar selbst. Im schlimmsten Fall trägt ein Paar immer mehr Kämpfe aus oder ein Partner igelt sich ein. Im besten Fall können sich Partner gut vor dem Stachel des andern schützen. Sie weichen aus und kümmern sich dann um den wunden Punkt, der hinter dem Stachel liegt. Dabei hilft Ihnen dieses Buch. So schnell Partner ihre Stacheln ausfahren, so schnell ziehen sie diese auch wieder ein, sobald sie sich wieder wohl und sicher fühlen. Dann steht der Liebe nichts mehr im Weg und ein Paar genießt wieder Nähe, Glück, Lust, Spaß und ein gutes Teamwork. Jeder fühlt sich dem andern verbunden und trotzdem frei, weil keiner auf Abstand gehalten oder angestachelt wird.

Dieses Buch ist Teil der Stachel-Reihe. In den „Stachligen Persönlichkeiten" ging es um Menschen, die so extreme Verhaltensweisen zeigen, dass sie anderen Kraft und Nerven rauben. Im Nachfolger „Meine Stacheln" lag das Angebot, sich auch mit den eigenen Schwächen zu befassen und sie zu überwinden. Doch in einer Paarbeziehung aktivieren sich unsere Schutzmechanismen auf ganz besondere Weise und sie wirken sich auch anders aus als etwa in Freundschaften oder am Arbeitsplatz. Liebende haben darüber hinaus ganz besondere Möglichkeiten, mit ihren Stacheln klug und liebevoll umzugehen. Dem widmet sich nun „Stacheln in der Partnerschaft".

Zur Tradition der Stachel-Reihe gehört, dass ich neben den psychologischen auch die spirituellen Aspekte des Themas untersuche. Denn in der Auseinandersetzung mit unseren Schutzmechanismen begegnen uns auch existenzielle Fragen, zum Beispiel wie wir mit Ohnmacht umgehen oder worin die wahren Gefahren im Leben liegen. Lange haben Psychologie und Psychotherapie spirituelle Fragen als unwissenschaftlich ausgeklammert. Damit haben sie aber einen wichtigen Aspekt unseres Menschseins nicht beachtet und Menschen mit existenziellen Fragen alleingelassen. Erfreulicherweise öffnen sich auch die wissenschaftliche Psychologie und die Psychotherapieforschung für religiöse Fragen, die Veröffentlichungen zu diesem Thema nehmen zu[1].

Am Ende jedes Kapitels greife ich daher auch die existenziellen Fragen auf, die das Thema des jeweiligen Kapitels aufwirft. Weil ich selbst im christlichen Glauben verwurzelt bin und viele kirchlich geprägte Menschen begleite, beantworte ich diese Fragen vorwiegend vom christlichen Glauben her. Wenn Sie eine andere religiöse oder weltanschauliche Prägung haben, dann können Sie diese Antworten dazu inspirieren, Ihre eigene Tradition zu befragen, welche Antworten sie auf die jeweiligen Existenzfragen gibt.

Nun stelle ich Ihnen die Stacheln in der Liebe vor, von denen manche mehr dem Angriff dienen, andere eher der Abwehr. Alle Stacheln beabsichtigen eigentlich etwas Gutes, tun dies aber auf eine Weise, die wehtut, verletzt oder enttäuscht. Jedem Stachel, den ich hier kurz beschreibe, ist ein eigenes Kapitel gewidmet.

Grenzüberschreitungen. Dabei geht der Einfluss auf den andern zu weit. Manche Partner erziehen, bevormunden oder bestimmen den andern, besonders in stressigen Situationen. Sie nehmen Entscheidungen vorweg oder verhindern, dass sich der andere zurückziehen kann.

1 Zum Beispiel: Michael Utsch; Raphael M. Bonelli; Samuel Pfeifer (2014): Psychotherapie und Spiritualität: mit existenziellen Konflikten und Transzendenzfragen professionell umgehen. SpringerMedizin, Heidelberg.

Blenden. Selbstdarstellung nervt manchmal, oft weckt sie aber auch Erwartungen beim andern, die ein Partner dann nicht erfüllen kann. Das enttäuscht. Selbstdarstellung mogelt sich auch um eigene Fehler herum. Hinter dem schönen Bild verstecken sich dann Tatsachen, über die man dringend einmal sprechen müsste.

Abwertungen. Ein negatives Urteil kann verletzen, besonders wenn es von dem Menschen ausgesprochen wird, der einem am wichtigsten ist. Auch übertriebene Kritik, die Analyse von Charaktermängeln oder das Unterstellen unguter Absichten gehören zu den abwertenden Verhaltensweisen. Sie wollen den andern bessern, bewirken aber oft nur Entmutigung.

Vermeidung. Vermeidung stiehlt sich aus der Verantwortung. Der andere steht dann allein da und das tut weh. Partner entziehen sich Aufgaben, die vielleicht überfordernd werden könnten, vermeiden Nähe oder Konflikte. Manche lassen sich auch nicht gerne auf Unternehmungen ein, die sie für gefährlich halten.

Energie rauben. Manche Partner überfordern sich und bringen sich dadurch in Not. Sie ziehen den andern dadurch in eine Helferrolle. Der andere fühlt dann intensiv mit, macht sich Sorgen und investiert viel Zeit und Energie. Wenn das häufiger vorkommt, kann das den Partner überfordern.

Einschüchterungen. Einschüchternde Partner treten Respekt gebietend auf und setzen sich durch. Sie können laut und ausdauernd streiten. Sie wissen intuitiv, auf welche Schwachpunkte sie Druck ausüben müssen, um den andern zum Nachgeben zu bringen. Das macht den andern manchmal klein und wehrlos.

Rächen. Rache gleicht Ungerechtigkeiten aus oder bestraft den andern für etwas, was er getan hat. Beleidigte Reaktionen, persönliche Angriffe, Liebesentzug oder Verweigerung sind die Spielarten, in denen sich Rache oder Bestrafung zeigen.

Nun steht es Ihnen frei, Kapitel für Kapitel in die Welt einzutauchen, in die Sie der jeweilige Stachel führt. Dort begegnen Ihnen die Lebensgeschichte, die Ängste und die Sehnsüchte, die hinter einem Schutzmechanismus stehen. Sie erfahren, wie sich der jeweilige Stachel auf eine Paarbeziehung auswirkt, welche Gefahren bestehen und wie Sie Ihre Liebe auf genau die Weise zeigen, die den Stachel entschärft. Sie können aber auch gezielt zu einem Kapitel springen, das Sie gerade besonders interessiert. Jedes Kapitel ist für sich verständlich. Sicher haben Sie schon erste Vermutungen entwickelt, welche Stacheln auf Sie selbst und Ihren Partner zutreffen könnten.

Auch wenn sich das Buch an Paare wendet, würde ich auch Singles wünschen, dass sie über das Wissen dieses Buches verfügen. Denn für unsere Beziehungsfähigkeit ist es entscheidend, dass wir zumindest eine Ahnung von unseren Stacheln haben, unnötige Verletzungen verhindern und Nähe zulassen können. Auch für die Partnerwahl ist die Frage wichtig: Mit welcher Schwäche könnte ich leben und mit welcher auf keinen Fall? Das wird Singles nach der Lektüre dieses Buches klar sein.

Um es nicht zu kompliziert zu machen, schreibe ich oft „Partner“, wo Partner oder Partnerin gemeint sind. Die Geschlechterungerechtigkeit geht hier ausnahmsweise zulasten des Mannes – denn die Leserin hat ihren „Partner“ gleich im richtigen Geschlecht, während der Leser seine Partnerin mitdenken muss.

Die Themen der Stachel-Reihe stoßen auf großes Interesse. Ich erhalte mehr Anfragen für Vorträge und Seminare, als ich zusagen kann. Deshalb lade ich Sie ein: Werden Sie selbst Botschafterin oder Botschafter der „Stacheln in der Partnerschaft“, wenn Sie sich mit den Gedanken dieses Buches vertraut gemacht haben. Dabei unterstütze ich Sie. Mailen Sie mir (kontakt@psychotherapie-berger.de) und beschreiben Sie mir die geplante Veranstaltung. Dann sende ich Ihnen eine Präsentation mit Illustrationen und Stichpunkten. Das ist kostenlos und nur mit dem Wunsch verbunden, dass Sie auf die Bücher und Hörbücher der Stachel-Reihe hinweisen.

Dieses Buch konnte nur entstehen, weil ich einen starken Rückhalt habe. Zuerst danke ich meiner Familie, die auch in den heißen Phasen des Schreibens Anteil genommen, meine Eigenarten ertragen und mich freigesetzt hat. Meiner Tochter Anna danke ich, dass sie bei allen Fallbeispielen überprüft hat, ob ich Namen doppelt vergeben habe, und diese generationswahrend ersetzt hat („Du bist ein Schatz!“).

Ich danke auch den Ehepaaren, die mir immer wieder einen großen Vertrauensvorschuss geschenkt, sich geöffnet und Mut investiert haben, um ihre Liebe zu befreien. Ohne diese Einblicke wäre das Buch sehr theoretisch geworden. Die Fallbeispiele sind natürlich verfremdet, sodass ein Paar mit seiner individuellen Geschichte nicht zu erkennen ist.

Ich danke Thees Carstens für sein psychologisches Gespür und die treffenden Illustrationen. Ein großes Dankeschön geht auch an Frau Anne-Ruth Meiß, als Verlagsleiterin und Lektorin für die unkomplizierte, wertschätzende und motivierende Zusammenarbeit und das große Geschick, auf dem bunten Buchmarkt so viel Aufmerksamkeit auf die Stachel-Reihe zu lenken. Letzteres verdanke ich auch Christian Heinritz, Marketing, und Sven Gerhardt, Presse/Marketing.

Nun wünsche ich Ihnen eine fesselnde Lektüre, den Mut, sich hier und da unbequemen Wahrheiten zu stellen, und ein Vertrauen in die stärkste Kraft im Universum: die Liebe!

Ihr
Jörg Berger

S

Wenn Liebende Grenzen überschreiten

Liebende öffnen ihre Grenzen. Sie geben einander immer mehr von sich preis und beeinflussen sich gegenseitig. Irgendwann teilen sie Bad und Bett, Geld und Gegenstände. Und doch haben auch Liebende in alledem ein Gespür dafür, ob sie frei bleiben oder ihrer Freiheit beraubt werden. Wo die Freiheit verloren geht, hat ein Partner eine Grenze überschritten. Wie leicht das geschieht, zeigen folgende Beispiele.

Aus Mangel Grenzen überschreiten. Wenn Ilva etwas fehlt, wird sie schnell von ihren Gefühlen überwältigt. Dann überredet sie Gerd. Sie zeigt ihre Wut oder ihre Sorgen so stark, bis Gerd schließlich mehr auf ihre Wünsche eingeht, als ihm eigentlich recht ist. Dass Gerd Belastungsgrenzen hat, zum Beispiel in Konflikten, kann Ilva nicht immer akzeptieren. Sie hindert ihn daran, sich zurückzuziehen, und hält ihn in Aussprachen fest, die Gerd eigentlich viel zu lange dauern. Aber Ilva kann nicht locker lassen, bis das Gespräch zumindest irgendein Ergebnis hat, das sie zufriedenstellt.
Gerd würde seine Ehe als glücklich bezeichnen, denn mit der gleichen Leidenschaft, mit der Ilva manchmal Grenzen überschreitet, liebt, lobt und begehrt sie ihn auch. Trotzdem wirken sich Ilvas Grenzüberschreitungen auf das gemeinsame Leben aus. Gerd ist im Lauf der Beziehung immer passiver geworden und überlässt Ilva die meisten Entscheidungen. Manche Gedanken behält Gerd einfach

für sich, wenn er ahnt, dass Ilva gegen seine Vorstellungen ankämpfen würde.

Aus Überverantwortlichkeit Grenzen überschreiten. Ingo war der Älteste unter vier Geschwistern. Er hat früh Verantwortung übernommen, wohl zu früh und zu viel. Patrizia dagegen war die zweite und damit die Kleine, neben den Eltern und der älteren Schwester. Sie kann die Dinge auch einmal laufen lassen, im Augenblick leben und ihn genießen. Patrizias Leichtigkeit war sicher ein Grund dafür, warum Ingo sich in sie verliebt hat. Aber im Alltag setzt ihn Patrizia unter Stress, wenn sie zum Beispiel die Zeit aus dem Blick verliert, Aufgaben nicht effizient erledigt und Verpflichtungen anderen gegenüber lockerer sieht. Dann gibt ihr Ingo knappe Anweisungen, nimmt ihr Aufgaben aus der Hand oder trifft Entscheidungen, die eigentlich beide angehen, einfach allein. Damit überschreitet er aber Patrizias Grenzen, die der Respekt vor ihrer Freiheit setzt. Wenn Patrizia entspannt ist, lässt sie Ingo einfach machen. Schließlich meint er es ja gut. Manchmal fühlt sich Patrizia aber auch entmündigt.

Aus Angst Grenzen überschreiten. Martina war schon immer anhänglich und verschmust. Als sie sich kennengelernt haben, hat man Martina und Klaus nur im Doppelpack gesehen. Klaus kommt aus einer kühlen Familie und hat sich als Junge manchmal einsam gefühlt. Martinas Herzlichkeit und Nahbarkeit haben Klaus eine wunderbare Welt eröffnet. Nur wenn er sehr aufgewühlt ist, muss sich Klaus manchmal zurückziehen. Dann bemerkt er, wie schwierig das für Martina ist. Auch wenn er sich freundlich verabschiedet, kommt sie bald in sein Arbeitszimmer und vergewissert sich, ob wirklich alles in Ordnung ist. Wenn Klaus auf Geschäftsreise ist, erwartet sie regelmäßig Anrufe. Er fühlt sich dann verfolgt, wenn er auf sein Hotelzimmer zurückkehrt und drei WhatsApp-Nachrichten von Martina erhalten hat. Er kommt sich auch ausgefragt vor, wenn sich Martina erkundigt, ob seine Kollegin hübsch ist, ob diese in einer Beziehung lebt und ob Klaus noch in der Hotelbar mit ihr zusammensitzt. Klaus hat ihr noch nie einen Grund gegeben, an seiner Treue zu zweifeln. In solchen Situationen ist Klaus schon wütend geworden, hat Zärtlichkeiten zurückgewiesen und nichts mehr gesprochen.

Aus Scham Grenzen überschreiten. Jenny kommt aus einer Arbeiterfamilie. Sie ist geradeheraus und hat das Herz auf dem rechten Fleck. Sie ist eine aufregend attraktive Frau, die das auch weiß. Philipp, der aus einer gebildeten Familie stammt, gelingt es meist, zu seiner Liebe zu stehen. Doch es gibt Momente, die ihn aus seinem inneren Gleichgewicht bringen: wenn Jenny zu sexy gekleidet zum Gottesdienst geht, wenn sie Fremdwörter falsch verwendet oder den beruflich erfolgreichen Freunden ausschweifend erzählt, wie sie das Sortiment ihres Drogeriemarktes umorganisiert hat. Philipp belehrt und korrigiert Jenny dann häufig. Wenn er ehrlich ist, muss er zugeben, dass er eine Art Erziehungsprogramm für sie auflegt, um ihr den Schliff zu geben, den sie für das jetzige Umfeld benötigt.
„Du denkst wohl, du bist etwas Besseres?", konfrontiert ihn Jenny dann. Philipp wird dann traurig. Er nimmt Jenny in den Arm, die das widerstrebend zulässt. „Ich weiß", sagt Philipp, „ich habe nicht das Recht, dich so zu kritisieren."

Grenzüberschreitungen folgen unterschiedlichen Gefühlen: dem Drängen ungestillter Bedürfnisse, einem Druck, den Überverantwortlichkeit erzeugt, einer Verlustangst oder einer Scham, die kaum erträgt, dass sich der andere eine Blöße gibt. Doch immer schränken Grenzüberschreitungen die Freiheit des Partners ein. Außerdem entsteht ein Machtgefälle in der Beziehung: Partner, die Grenzen überschreiten, verhalten sich, als hätten sie mehr Rechte wie ein Elternteil gegenüber einem Kind oder der Chef gegenüber einem Mitarbeiter. Oft sind es gerade die veränderten Machtverhältnisse, die sich auf das gemeinsame Leben auswirken.

Die Folgen von Grenzüberschreitungen

Unsere Stressreaktionen folgen unseren angeborenen biologischen Möglichkeiten: Unterwerfung, Flucht oder Kampf. Im zwischenmenschlichen Bereich kann man auch von Anpassung, Vermeidung und Kampf sprechen. Eine dieser drei Stressreaktionen aktiviert sich meist, wenn wir auf den Stachel unseres Partners treffen. Je nachdem, welche Reaktion Sie bevorzugen, hat das für die Liebe verschiedenartige Folgen.

Anpassung. Bei dieser Stressreaktion lassen Partner Grenzüberschreitungen einfach zu und gewöhnen sich daran. So entstehen keine Konflikte. Nur Außenstehende machen manchmal Bemerkungen, weil sie es für sich selbst nicht akzeptieren könnten, wenn ihre Freiheit derart beschnitten würde. Denn ein Partner, der sich immer wieder einmal erziehen, bestimmen oder vereinnahmen lässt, macht sich damit auch klein. Er gibt ein Stück seiner Persönlichkeit und seiner Lebensart auf. Das hemmt das Wachstum der Liebe, die am besten gedeiht, wenn beide Partner ihre ganze Persönlichkeit in der Beziehung entfalten. Partner, die zulassen, dass der andere ihre Grenzen überschreitet, haben dann manchmal das Gefühl, sich selbst in der Beziehung zu verlieren.

Kampf. Manche Partner werden zornig über die Grenzüberschreitung und wollen sich diese nicht bieten lassen. In einer Überreaktion richten sie dann manchmal Grenzen auf, die viel enger sind, als sie normalerweise in einer Liebesbeziehung verlaufen. Sie reagieren zum Beispiel gereizt, wenn sie etwas allein unternommen haben und der andere dann fragt, wie es war. Der Partner, der ab und zu Grenzen überschreitet, fühlt sich dann zu Recht abgewiesen und kämpft gegen die überstarke Grenzsetzung an. Solche Situationen können Anlass für Streit werden.

Vermeidung. Diese Stressreaktion entzieht sich dem Kampf, will sich aber auch nicht unterwerfen. Nicht selten weichen daher Partner, denen Freiheit genommen wird, in die Heimlichkeit aus: Wenn die Ehefrau nichts vom Treffen mit der Studienfreundin weiß, wird sie keine misstrauischen Fragen stellen. Partner teilen auch weniger von ihren Gedanken mit, denn je weniger der andere weiß, desto weniger kann er oder sie sich einmischen. Solche Entwicklungen schwächen aber die Nähe und das Vertrauen, das ein Paar zueinander hat.

Alle drei Schutzmechanismen – Anpassung, Vermeidung und Kampf – haben also auch ihre Nebenwirkungen. Deshalb zeigt dieses Kapitel Möglichkeiten auf, wie Sie den Stachel der Grenzüberschreitung entschärfen können. Der nächste Abschnitt richtet sich an Partner, die manchmal Grenzen überschreiten. Sie lernen, wie sie aus Liebe Freiheit schenken. Der darauf folgende Abschnitt wendet sich dann an

Partner, die mit Grenzüberschreitungen konfrontiert sind. Sie lernen, wie sie die Grenzen in der Beziehung liebevoll befrieden.

Selbstkorrektur: Loslassen und Freiheit schenken

Wenn Sie gelegentlich Grenzen überschreiten, finden Sie hier einen Weg, auf dem Sie sich selbst korrigieren können. Dabei müssen Sie Grenzüberschreitungen nicht durch Willenskraft unterdrücken. Sie entdecken positive und faire Einflussmöglichkeiten. Sie erfahren, wie selbst ein Verzicht zum Gewinn werden kann, und lernen schließlich, wie Sie aufgewühlte Gefühle beruhigen können.

Liebevoll beeinflussen

Womöglich haben Sie schon einen verhängnisvollen Kreislauf in Gang gesetzt: Sie haben vielleicht Gefühle gezeigt und dann Grenzen überschritten. Dann deutet Ihr Partner schon Ihre Gefühle als ein Vorzeichen einer drohenden Grenzüberschreitung. Sie haben vielleicht Ihre Meinung vertreten und sind bei Widerstand immer bestimmender geworden. Dann könnte Ihr Partner bereits abwehrend reagieren, wenn Sie nur Ihre Meinung aussprechen. In diesem Fall muss Ihr Partner erst wieder ein Vertrauen aufbauen, dass Sie zwar Ihre Gefühle zeigen oder Ihren Standpunkt vertreten, ihr oder ihm aber trotzdem ihre oder seine Freiheit lassen.

Im Folgenden stelle ich Ihnen Möglichkeiten vor, wie Sie Ihre Partnerin oder Ihren Partner liebevoll beeinflussen. Ein Gefühl von Einfluss ist für Sie besonders wichtig, damit Sie den Stachel der Grenzüberschreitung überwinden können. Was ich im Folgenden empfehle, gelingt vielleicht in einer Weise, die Sie überraschen wird. Falls das Vertrauen schon ein wenig angegriffen ist, braucht Ihr Partner jedoch etwas Zeit, um sich wieder Ihrem Einfluss zu öffnen.

Gefühle beschreiben. Offenbaren Sie Ihre Gefühle ohne Rechtfertigung und ohne Forderungen. Benennen Sie möglichst genau, was Sie fühlen. Beschreiben Sie zum Beispiel, wie Sie eine Situation empfunden haben, die Ihre Gefühle ausgelöst hat. Verwenden Sie Vergleiche und Bilder, um Ihre Gefühle anschaulich zu machen.

> Beispiel: „Wenn ich nach einem harten Arbeitstag nach Hause komme, dann sehne ich mich nach einer Belohnung. Wenn du ausgerechnet dann Zeit für dich selbst brauchst, fühle ich mich alleingelassen und um das betrogen, was den Tag für mich schön macht."

Bedürfnisse ausdrücken. Beschreiben Sie, was Sie brauchen und auf welche Weise Ihr Bedürfnis gestillt werden könnte.

> Beispiel: „Ich kann mich nicht so schnell von einer Aufgabe lösen wie du. Ich brauche immer eine Weile, um wirklich bei dir anzukommen. Wenn du dann ungeduldig wirst und dich zurückziehst, komme ich unter Druck. Ich bräuchte einfach etwas Zeit, bis mein Kopf frei wird und ich mich entspannen kann."

Wünsche offenbaren. Es gehört zu den Realitäten unseres Lebens, dass sich unsere Wünsche nicht immer erfüllen lassen. Trotzdem fühlen wir uns von Menschen geliebt, wenn sie unsere Wünsche verstehen und akzeptieren.

> Beispiel: „Ich weiß, vielleicht ist es unrealistisch, aber ich würde unwahrscheinlich gerne einmal aus unserem Alltag ausbrechen und etwas erleben, was wir noch nie erlebt haben."

Vielleicht beschäftigt sich Ihr Partner mit Ihrem Wunsch und kommt auf Ideen, wie er zu verwirklichen wäre. Wenn nicht, können Sie selbst einen Schritt weitergehen.

Vorschläge machen. Vorschläge sind konkret und haben daher eine gute Chance auf eine Umsetzung. Außerdem sind sie eine gute Verhandlungsgrundlage. Oft führen sie zu Kompromissen, die etwas anders sind als der ursprüngliche Vorschlag.

> Beispiel: „Wie wäre es, wenn wir uns einmal zu einem Malkurs in der Provence anmelden, im Juli, wenn der Lavendel blüht?"

Für Überzeugungen einstehen. Wenn Werte ins Spiel kommen, üben wir schnell Macht über das Gewissen des anderen aus. Gerade hier können wir leicht Abwehrreaktionen hervorrufen. Entsprechend behutsam sollten wir vorgehen, wenn sich kein moralischer Druck aufbauen soll.

> Beispiel: „Ich würde gerne mehr von unserem Wohlstand abgeben. Es geht uns so gut. Lass uns ruhig klein anfangen. Wir könnten uns nach sozialen Projekten erkundigen und sehen, was uns wirklich überzeugt, und dann überlegen, wie viel uns das wert ist. Was meinst du?“

Wenn Sie behutsam für eine gute Sache einstehen, haben Sie gute Chancen, den Partner zu gewinnen.

Loben. Nichts ist motivierender, als wenn unser liebevolles Verhalten auch wahrgenommen und geschätzt wird. Deshalb ist Wertschätzung eine starke Motivation für Ihren Partner, auf Sie einzugehen, vielleicht sogar häufiger als bisher.

> Beispiele: „Ich liebe die Art und Weise, wie du mir gerade zuhörst. Ich fühle mich total verstanden.“ Oder: „Als du mir so intensiv zugehört hast, habe ich erst richtig verstanden, wie es mir eigentlich mit der Sache geht.“

Ein Vorbild sein. Paare werden sich im Lauf der Jahre ähnlicher. Wie der eine sein Leben gestaltet, prägt den anderen. Ihr Vorbild ist daher eine unaufdringliche Möglichkeit, den anderen zu beeinflussen. Wenn Sie Ihren Partner zu mehr Ordnung motivieren wollen, dann leben Sie am besten eine ansprechende, zeitsparende Ordnung vor und vertrauen darauf, dass dies im Laufe der Zeit auch Ihren Partner prägt.

Mit liebevollen Einflussmitteln schenken Sie Ihrem Partner täglich die Chance, Liebe zu zeigen. Zugleich lassen Sie ihm die volle Freiheit. In den Beispielen hat sich auch schon angedeutet, dass ein liebevoller Einfluss manchmal auch Loslassen bedeutet.

Liebe heißt loslassen

Manchmal zeigt sich der Effekt sofort: Wir hören auf zu drängen und unser Partner öffnet sich. Wir fordern nicht mehr und unser Partner geht plötzlich auf unsere Wünsche ein. Während unser Kämpfen einen Widerstand hervorgerufen hat, hat unser Loslassen den Widerstand gelöst. Folgende Einstellungen helfen dabei.

- „Lieber will ich weniger nehmen, weiß aber, dass mein Partner dies gerne gibt. Das ist besser, als wenn er mir mehr gibt, nur weil ich ihn dazu gedrängt habe."
- „Ich darf meine Wünsche immer mal wieder in Erinnerung bringen. Dann aber lasse ich los und warte ab."
- „Auch wenn ich enttäuscht bin, werde ich dem anderen weiter vertrauen. Ich glaube, dass es mein Partner gut mit mir meint und gibt, was sie/er im Augenblick geben kann. Manches braucht vielleicht noch Zeit."

In der Ehetherapie habe ich schon viele Partner überzeugt, die Grenzen des anderen zu akzeptieren und loszulassen. Mit der Zeit hat sich der Widerstand des andern verringert. Dadurch wurden wieder tiefere Gespräche und mehr Intimität möglich. Jeder setzte sich wieder mehr für den anderen ein.

Natürlich wird man auch einmal an einen Punkt kommen, an dem das Loslassen schmerzhaft wird. Denn nicht jeder Partner kann jedes Bedürfnis stillen. Auch in der Liebe gehen nicht alle Wünsche in Erfüllung. Das Bedürfnis nach Sexualität zum Beispiel kann bei einem Paar sehr unterschiedlich stark ausgeprägt sein. Dann bleiben manche Wünsche auf Dauer unerfüllt. Einen Partner kostet es vielleicht viel Überwindung, sich auf tiefere Gespräche einzulassen, sodass diese nur selten möglich sind. Andere Partner brauchen ihren Rückzug – einen ganzen Tag lang alles zusammen zu machen, das geht mit ihnen einfach nicht.

Liebe bedeutet dann, nicht nur die guten Eigenschaften des anderen zu genießen, sondern auch den anderen in den Grenzen anzunehmen, die die Persönlichkeit des anderen steckt. Hier kann das Loslassen wie ein Trauerprozess verlaufen: Wellen von Schmerz und innerer Auflehnung schwellen an und ebben ab, bis sie im Lauf der Monate allmählich schwächer werden. Doch der Verzicht verändert auch Ihre Persönlichkeit und Ihre Bedürfnisse. Sie richten Ihre Bedürfnisse und Sehnsüchte mit der Zeit anders aus. Oft lässt sich dann ein Mangel gut bewältigen und ausgleichen. Dann wird auch die Freude an dem, was ist, wieder stärker.

Ungestillte Bedürfnisse kann man vielleicht in Freundschaften einbringen, andere Wünsche kann man mit den eigenen Kindern verwirklichen, wenn diese alt genug sind. Ungestillte Bedürfnisse können auch ein starker Antrieb dafür sein, die eigene Gottesbeziehung zu vertiefen, eine Leidenschaft für eine gute Sache zu entwickeln oder kreativ zu werden. Am Ende kommt vielleicht sogar etwas Besseres heraus, als wenn ein Bedürfnis einfach so gestillt worden wäre oder sich ein Wunsch erfüllt hätte. Die Grenzen unseres Partners können wir als einen Wink vom Himmel verstehen und daraufhin zu einem leidenschaftlichen, schöpferischen und einsatzbereiten Leben aufbrechen.

Abschließend möchte ich Ihnen noch eine weitere Hilfe zum Loslassen geben. Dazu müssen Sie sich vor Augen führen, dass jeder Mensch zwei unterschiedliche, ja gegensätzliche Möglichkeiten hat, mit denen er seine Gefühle reguliert. Zurückhaltende Menschen reagieren innerlich, wenn ihre Gefühle zu stark werden. Oft ziehen sie sich zurück oder distanzieren sich von den Menschen und Dingen, die die Gefühle auslösen. Erst wenn sich ihre Gefühle beruhigt haben, zeigen sie, was in ihnen vorgeht, oder setzen etwas in ihrem Leben in Bewegung. Beziehungsorientierte Menschen dagegen regulieren ihre Gefühle durch Handlungen. Sie versuchen etwas bei anderen Menschen zu bewegen. Sie treffen Entscheidungen oder verändern die Situation, die Gefühle verursacht. Beide Strategien haben ihre Stärken und Schwächen.

Wenn Sie gelegentlich Grenzen überschreiten, gehören Sie sicher zum zweiten Typ beziehungsorientierter Menschen, die Gefühle durch Handlungen regulieren. Wenn Sie zum Beispiel wütend sind und den anderen dazu bringen, dass er nachgibt, sind Sie damit Ihre Wut los.

In manchen Fällen führt eine schnelle Reaktion zu den besten Ergebnissen für beide. In anderen Fällen würde eine impulsive Reaktion die Grenzen des anderen überschreiten. Daher hilft es, wenn Sie es lernen, Gefühle auch so zu regulieren, wie es zurückhaltende Menschen tun.

- *Schauen Sie erst einmal nach innen:* Was ist mit Ihnen gerade los? Was empfinden Sie genau? Was fehlt Ihnen? Wenn Sie verstehen, was in Ihnen vorgeht, dann beruhigen sich die Gefühle oft schon ein wenig und Sie können planvoller vorgehen, also in einer Weise, die sowohl Ihre Bedürfnisse als auch die Grenzen Ihres Partners berücksichtigt.

- *Führen Sie ein Selbstgespräch und beruhigen Sie sich selbst:* „Ja, ich komme mir im Stich gelassen vor und habe damit bestimmt auch recht. Mein Partner versteht einfach noch nicht, dass er mich gerade hängen lässt. Wenn ich mich beruhigt habe, werde ich mit ihr/ihm einfach noch einmal darüber reden. Bestimmt finden wir einen Kompromiss, mit dem ich einigermaßen zufrieden bin."

- *Ziehen Sie sich zurück und bauen Sie starke Gefühle durch Aktivitäten ab*, zum Beispiel durch Sport, Haus- oder Gartenarbeit, Musik hören oder selbst musizieren, Beten, Tagebuch schreiben oder kreativ sein. Wenn Sie Ihr inneres Gleichgewicht wiedergefunden haben, treffen Sie bessere Entscheidungen und können auch in Ihrer Beziehung gezielter für das eintreten, was Sie brauchen.

Auch mit fairen Mitteln gewinnen Sie Ihren Partner. Sie können ihn einladen, seine Liebe so zu zeigen, wie Sie es brauchen. Wenn es Ihnen dann noch gelingt, ab und zu einen unerfüllbaren Wunsch zu verschmerzen, sind Sie bereits auf dem besten Weg. Auf diesem Weg kann Sie auch Ihr Partner unterstützen.

Den Partner befrieden

Konflikte um Grenzen würden wir am liebsten ein für alle Mal regeln: mit klaren Vereinbarungen, an die sich dann auch beide Seiten halten. Doch unser Leben ist vielfältig und verändert sich. Bestimmte Fragen stellen sich immer wieder neu, oft in einer Weise, die man nicht vorhergesehen hat. Was haben wir gemeinsam und wo hat jeder seinen eigenen Bereich? Welche Freiheiten lassen wir einander? Wie treffen wir

Entscheidungen? Deshalb lässt sich nur ein kleiner Teil des gemeinsamen Lebens durch dauerhafte Absprachen regeln.

Außerdem gehört es ja gerade zur Schwäche Ihres Partners, dass er gelegentlich gute Gründe findet, um Vereinbarungen außer Kraft zu setzen. Die Auseinandersetzung um Grenzen gehört daher zu Ihrer Beziehung wie das Aufräumen zur Haushaltsführung, das Waschen zur Körperpflege oder das Tanken zum Autofahren. Gerne würde man es sich sparen, es gehört aber nun einmal dazu.

Diese Sichtweise hilft Ihnen auch, Grenzüberschreitungen Ihres Partners nicht persönlich zu nehmen. Die meisten Menschen reagieren auf Grenzüberschreitungen mit Angst. Denn diese dringen in ihr Territorium ein und bedeuten tatsächlich eine Art Kriegserklärung, auch wenn diese selten bewusst und auch nicht böse gemeint ist. Nicht wenige fühlen sich durch Grenzüberschreitungen auch beschämt: „Bin ich dir so wenig wert, dass du meine Freiheit nicht achtest und über mich bestimmen willst? Wen oder was siehst du in mir? Ein Kind? Einen Diener? Einen Menschen zweiter Klasse?“ Auch wenn es sowohl für die Angst als auch für die Beschämung gute Gründe gibt, führt es weiter, wenn Sie die Grenzüberschreitungen nicht persönlich nehmen. Denn Grenzüberschreitungen wollen keine Aussagen über Ihre Person machen. Sie sind eine Überreaktion Ihrer Partnerin / Ihres Partners, die von bestimmten Gefühlen ausgelöst wird und automatisch abläuft.

Daher bauen Sie am besten eine liebevolle Routine auf, wie Sie mit Grenzüberschreitungen umgehen. Dieses Kapitel hilft Ihnen dabei.

Lernen Sie den Nahkampf lieben

Konflikte, Diskussionen, Streit – wenn wir uns auseinandersetzen müssen, erleben wir das oft als negativ. Es kostet Energie und macht nicht gerade gute Laune. Tatsächlich fühlen sich die meisten Menschen in Beziehungen am wohlsten, in denen die nötigen Abstimmungen ohne Streit und schwierige Verhandlungen gelingen.

Aber wo sich die Auseinandersetzung nicht vermeiden lässt, möchte ich für ihren Wert werben. Für Kinder zum Beispiel ist es wichtig, dass sie sich an ihren Eltern reiben und mit ihnen auseinandersetzen dürfen. Wenn Eltern Konflikte vermeiden, können Kinder keine starke Persönlichkeit entwickeln. Sowohl nachgiebiges als auch übertrieben autoritäres Verhalten nimmt Kindern die Möglichkeit, sich auseinanderzusetzen. Sie spüren dann weder ihre eigene Position noch die ihrer Eltern. Sie lernen nicht, für ihre Interessen zu kämpfen, und genießen nicht das gute Gefühl, sich etwas erkämpft zu haben. Sie erleben auch nicht die Geborgenheit, die entsteht, wenn Eltern in ihren Grenzen festbleiben, ihre Kinder überzeugen und sie auch einmal in die Schranken weisen.

Manchmal haben wir dieses Bedürfnis auch als Erwachsene: unseren eigenen Standpunkt in der Auseinandersetzung spüren oder vielleicht erst finden zu dürfen; ein Gegenüber haben, an dem man sich reiben kann; einen starken Partner haben, der um seine Position weiß und der nicht umfällt, wenn wir einmal emotional und kämpferisch werden.

Vielleicht hilft Ihnen diese Sichtweise dabei, in der Auseinandersetzung nicht nur eine lästige Notwendigkeit zu sehen. Sie schenken Ihrem Partner damit die Erfahrung, sich selbst und auch Sie zu spüren. Sie vermitteln die Geborgenheit, die eine klare Position und ein starkes Gegenüber bedeuten. Auch Sie werden dabei gewinnen. Zunächst wird Ihnen Ihr Standpunkt klarer werden. Sie werden immer deutlicher spüren, wo Sie flexibel sind und welche Position für Sie unaufgebbar ist, wo Sie tolerant sind und was Sie nicht akzeptieren können. Auf diese Weise gewinnen Sie Profil. Sie werden immer mehr zu dem, was wir meinen, wenn wir von einer starken Persönlichkeit sprechen. Sie gewinnen außerdem an Autorität, je mehr Sie zu Ihren Überzeugungen und Grenzen stehen und diese zur Not auch mit klaren Worten vertreten.

Sehen Sie das Kind im anderen

Wenn wir unseren Stachel ausfahren, schützen wir damit einen wunden Punkt. Wo genau unsere wunden Punkte liegen, hängt mit unserer Lebensgeschichte zusammen und vor allem mit den Erfahrungen, die wir in unserer Kindheit gemacht haben. Grenzüberschreitungen sind in der Regel eine Reaktion auf die folgenden Kindheitserfahrungen.

Das vernachlässigte Mädchen, der vernachlässigte Junge. Manche Kinder haben immer wieder Momente eines emotionalen Mangels erlebt.

Ihre Eltern waren zu abgelenkt, zu gestresst oder zu sehr mit sich selbst beschäftigt, um ihrem Kind die notwendige Aufmerksamkeit zu schenken. Diese Mangelgefühle können ein Kind sehr verzweifelt machen. Es sucht dann unter Umständen immer drastischere Mittel, um auf sich aufmerksam zu machen. Auch bei Erwachsenen können alte Mangelgefühle wieder aufbrechen, oft sind nur kleine Unaufmerksamkeiten des anderen der Auslöser dafür. Dann greifen Partner zu den Strategien, die als Kind geholfen haben, und drücken zum Beispiel Gefühle sehr intensiv aus, lassen sich nicht abwimmeln oder verhalten sich fordernd. Der Partner wird dies allerdings als Druckmittel empfinden, weil er ja einem Erwachsenen gegenübersteht.

Wenn Sie ein Mangelgefühl hinter der Grenzüberschreitung erkennen, können Sie auf das vernachlässigte Mädchen oder den vernachlässigten Jungen eingehen. Schenken Sie ein Zeichen der Liebe und Zuwendung, hören Sie aufmerksam zu, bieten Sie einen Kompromiss oder eine Unterstützung an. Das wird es Ihnen leichter machen, wenn Sie auf der einen oder anderen Grenze bestehen müssen.

Das überverantwortliche Mädchen, der überverantwortliche Junge. Viele Partner, die heute gelegentlich Grenzen überschreiten, haben als Kind früh Verantwortung getragen. Sie haben sich um jüngere Geschwister gekümmert oder ein Elternteil gestützt, dem es nicht gut ging. Manche Kinder wurden unter starkem Druck zu Ordnung, Anstand oder Leistung angehalten. Diese Überverantwortlichkeit kann auch im Erwachsenenalter aktiviert werden. Partner geraten dann unter Druck, wenn es darum geht, Bedürfnisse anderer zu stillen oder einem Maßstab gerecht zu werden. Sie geben den Druck weiter und überschreiten dabei Grenzen. Wenn Sie ein überverantwortliches Mädchen oder einen überverantwortlichen Jungen hinter dem Verhalten Ihres Partners spüren, können Sie eine Entlastung anbieten: „Entspanne dich. Es passiert überhaupt nichts, wenn das jetzt nicht auf Anhieb klappt."

Das alleingelassene Mädchen, der alleingelassene Junge. An kleinen Kindern können wir es beobachten: alleingelassen werden verursacht zuerst Unbehagen und schließlich Verzweiflung. Wenn ein Kind das zu früh und zu oft erlebt, prägt sich Verlassenheit als emotionale Reaktionsbereitschaft ein. In der Paarbeziehung zeigt sich das oft als anklammerndes Verhalten. Wenn das geschieht, sollten Sie zunächst das alleingelassene Mädchen oder den alleingelassenen Jungen beruhigen. Dann nehmen Sie nach einer anstrengenden Aussprache Ihren Partner zum Beispiel in den Arm und sagen: „Ich habe dich lieb, aber ich kann gerade nicht mehr. Lass uns morgen noch einmal darüber reden."

Das beschämte Mädchen, der beschämte Junge. Hier geht es vor allem um Kinder, die sich für andere geschämt haben, zum Beispiel für einen alkoholabhängigen Vater, ein unschönes Zuhause armer Eltern oder für einen verhaltensauffälligen Bruder. Sich nicht mehr zu schämen, wird dann zu einem starken Motiv. Entsprechend intensiv reagieren Erwachsene mit dieser Prägung auf alles, was peinlich werden könnte. Sie selbst achten sehr darauf, sich keiner Peinlichkeit mehr auszusetzen. Wenn der andere das lockerer sieht, wirken Partner manchmal in grenzüberschreitender Weise auf den anderen ein. Auch das beschämte Kind in Ihrem Partner können Sie beruhigen: „Stimmt, das war peinlich. Aber auch nicht peinlicher als das, was anderen auch hin und wieder passiert. Daran, dass mich andere schätzen, wird das sicher nichts ändern. Da bin ich mir sicher."

Wenn Sie das Kind in Ihrem Partner verstehen und unterstützen, dann haben Sie bereits für Entspannung gesorgt. Sie können Ihre Grenzen nun leichter behaupten.

Setzen Sie liebevoll Grenzen

Aus Ihren Erfahrungen können Sie sicher bestätigen: Es ist gar nicht einfach, dem Partner Grenzen zu setzen. Sie bewegen sich hier wie bei einer Wanderung auf einem schmalen Grat, zu beiden Seiten geht es steil bergab. Wenn Sie die Grenzüberschreitung einfach hinnehmen, fühlen Sie sich immer unfreier. Wenn Sie aber Grenzen setzen, wirkt das für Ihren Partner wie eine Zurückweisung. Er gerät dann aus dem Gleichgewicht und reagiert darauf unter Umständen mit weiteren Grenzüberschreitungen.

Wenn Sie liebevoll Grenzen setzen, dann behalten Sie den wunden

Punkt Ihres Partners im Blick: die Erfahrung, nicht genug Zuwendung, Schutz und Unterstützung zu bekommen. Zwar dürfen Sie Ihre Grenzen standhaft verteidigen, Ihre Begründung sollte aber eine Verbundenheit und Wohlwollen ausdrücken. Dafür stehen Ihnen verschiedene Möglichkeiten zur Verfügung.

„Das tut uns nicht gut." Alles, was sich in einer Liebesbeziehung abspielt, wirkt sich auf beide aus. Damit können Sie argumentieren.

- „Wenn du einfach alleine planst, was wir am Wochenende machen, dann fühle ich mich nicht mehr auf Augenhöhe mit dir. Ich werde dann wütend. Das tut uns nicht gut. Deshalb möchte ich mit dir gemeinsam planen, wie das Wochenende laufen soll."
- „Wenn du mich so oft korrigierst wie heute, dann komme ich mir vor wie ein Kind, das erzogen wird. Klar, du hast auch immer einen guten Grund dafür. Aber wollen wir als Paar wirklich so miteinander umgehen? Würde dir nicht etwas fehlen, wenn ich mich mehr wie ein Kind verhalte, das es dir recht machen will? Deshalb ist es mir viel lieber, dass du mich nur korrigierst, wenn es wirklich ganz wichtig ist. Ansonsten brauche ich die Freiheit, die Dinge auf meine Art und Weise zu tun, auch wenn ich dabei Fehler mache."

Aus dieser Quelle können Sie immer wieder gute Gründe schöpfen, warum Sie eine Grenze verteidigen: Liebe gedeiht, wenn ein Paar auf Augenhöhe miteinander umgeht, wenn Entscheidungen gemeinsam getroffen werden, wenn beide ihre Vorstellungen verwirklichen können und sich so beide im gemeinsamen Leben zu Hause fühlen.

„Ich bin dir ein besserer Partner, wenn …" Wir wollen für den anderen ein guter Partner sein: aufmerksam, warmherzig, humorvoll, kreativ und unterstützend. Aber um so sein zu können, müssen wir uns einigermaßen wohl und sicher fühlen. Unsere Fähigkeit, ein guter Partner zu sein, nimmt dagegen ab, wenn uns unsere Freiheit genommen wird. Auch mit diesem Argument können Sie Ihre Grenzen begründen, wie folgende Beispiele zeigen.

- „Ich erzähle dir gerne von unseren Messetagen und ich beruhige dich auch gerne, dass mein Umgang mit Sandra distanziert ist. Aber wenn du so nachfragst wie jetzt, fühle ich mich wie in einem Verhör. Ich werde dann trotzig und würde am liebsten ganz dichtmachen. Aber das möchte ich nicht. Ich will offen dir gegenüber bleiben."
- „Du, wir haben darüber jetzt bestimmt schon eine halbe Stunde gesprochen. Und ich habe schon zweimal angedeutet, dass es mir für heute erst mal reicht. Wenn du mich jetzt aber weiter festhältst, dann fühle ich mich eingesperrt. Ich bekomme dann Panik. In solchen Situationen habe ich dich sogar schon angeschrien. So will ich dich aber nicht behandeln. Dann musst du aber auch einfach akzeptieren, wenn es für mich genug ist. Wir können ja dann später weiterreden, zum Beispiel morgen Abend."

Darüber hinaus können Sie Ihren Partner auch an eigene Werte und Überzeugungen erinnern.

„Das möchtest du doch selbst nicht." Dies ist ein unschlagbares Argument für Grenzen. In entspannten Momenten weiß Ihr Partner ja, welche Freiheit jedem zusteht, was im Streit in Ordnung ist und was nicht, wie man gemeinsame Entscheidungen trifft. Auf diese Grundlage können Sie zurückkommen:

- „Schatz, in entspannten Momenten würdest du nie so über meine Familie urteilen. Lass es uns doch auch dann so halten, wenn unser Gespräch etwas hitziger wird."
- „Den Termin hast du ausgemacht, ohne mich zu fragen. Deshalb fühle ich mich daran nicht gebunden. Es ist dir doch auch wichtig, dass keiner den anderen bei Entscheidungen übergeht."

Wenn Ihr Partner gerade emotional bewegt ist, wird er Ihnen natürlich nicht unbedingt sofort zustimmen. Aber er/sie wird sich durch Ihre Grenze nicht missachtet oder abgelehnt fühlen.

„Wenn …, dann …“ Wenn nichts anderes hilft, dann bleibt eine letzte Möglichkeit. Sie können Konsequenzen einsetzen und begründen. Diese Maßnahme ist heikel und ihr Einsatz erfordert Fingerspitzengefühl. Denn Konsequenzen gehören normalerweise in den Bereich der Kindererziehung. Unter Erwachsenen sind sie eine Notlösung, ein letztes Mittel. Aber natürlich müssen wir auch als Erwachsene mit Konsequenzen leben, wenn wir zum Beispiel unsere Arbeit nicht ernst nehmen, zu schnell fahren, Freundschaften vernachlässigen oder ungesund leben. Wir akzeptieren, dass unser Handeln Konsequenzen hat.

Liebevoll sind Konsequenzen dann, wenn sie nicht der Durchsetzung, sondern nur Ihrem Schutz dienen. Manchmal schützen Konsequenzen auch beide Partner, weil sie auf etwas reagieren, was der Liebe nicht guttut. Sie lassen stets eine Tür zu einem besseren Miteinander offen. Folgende Konsequenzen werden in aller Regel akzeptiert.

- „Es ist völlig okay, dass du wütend bist. Aber der Vorwurf, dass ich dich nicht liebe, ist mir zu heftig. So möchte ich nicht mit dir streiten. Kannst du dich ein wenig beruhigen? Wenn nicht, gehe ich jetzt und wir können die Sache später austragen.“
- „Ich bin nicht einverstanden, dass du persönliche Dinge von mir erzählst, ohne mich zu fragen. Wenn du das nicht respektierst, dann erzähle ich vorerst nur noch Dinge, die ich auch bei Facebook posten würde.“

Auch wenn diese Konfrontationen entschlossen klingen, spürt der andere, dass sie fair sind. Denn Ihr Gegenüber behält die Kontrolle über die Situation. Es muss nur den Stachel ein wenig zurückziehen und schon kann das Gespräch weitergehen. Dadurch erübrigt sich auch die Konsequenz.

Vielleicht finden Sie es gar nicht so einfach, auf gute Weise Grenzen zu setzen. Denn dazu muss man geistesgegenwärtig und auch ein wenig schlagfertig sein. Daher wird Ihnen sicher nicht immer eine Möglichkeit einfallen, wie Sie eine Grenze behaupten können. Das ist aber auch nicht weiter schlimm. Denn in einer Liebesbeziehung wiederholen sich Situationen ja häufig. Für das nächste Mal kann man sich dann

Sätze zurechtlegen, die einem Gespräch oder einer Begegnung eine andere, bessere Richtung geben.

Wenn Sie die positiven Seiten von Konflikten schätzen lernen und liebevoll Grenzen setzen, dann befrieden Sie Ihre Paarbeziehung auch in hitzigen Momenten. Das wird Ihnen vielleicht noch leichter gelingen, wenn Sie sich auf einen spirituellen Weg begeben.

Aus den Quellen des Glaubens schöpfen

Jedes Thema der Liebe hat auch eine spirituelle Seite. Sie wird sichtbar, wenn wir das, was ein Paar miteinander austrägt, zu Gott hin öffnen. In der christlichen Tradition fügen sich Grenzüberschreitungen in folgenden existenziellen Rahmen ein.

Der Einzige, der ein Recht hat, über einen Menschen zu bestimmen, ist Gott als Schöpfer des Menschen. Er teilt dem Menschen seine Freiheit zu und setzt zugleich die Grenzen seiner Freiheit. Er nimmt Menschen in Verantwortung und weist ihnen ihre persönliche Bestimmung zu. Nach biblischer Auffassung liegt Gottes Recht dazu nicht allein in seiner Schöpfermacht, sondern vor allem darin, dass Gott das einzige Wesen im Universum ist, das wirklich selbstlos lieben kann. Nur bei Gott selbst ist sicher, dass seine Herrschaft über Menschen nicht missbräuchlich oder ausbeutend ist.

Umgekehrt folgt daraus auch: Kein Mensch hat das Recht, über einen anderen zu bestimmen und ihm seine Freiheit zu rauben. (Wo Menschen das im Rahmen der Erziehung, als Vorgesetzte oder Politiker tun, dürften sie es eigentlich nur, soweit es anderen dient.) Jesus entfaltet den Glauben als einen Weg der Freiheit. Allein die Liebe zu Gott und zum Nächsten setzen dieser Freiheit Grenzen. Wenn Sie gelegentlich Grenzen überschreiten, dann lädt Sie der Glaube zu einem Vertrauen ein. Zugleich entdeckt Ihr Partner einen höheren Grund, die eigene Freiheit zu wahren.

Grenzen annehmen und Gott vertrauen

Wenn Sie Freiheit als ein Geschenk Gottes an Ihren Partner akzeptieren, bleiben Sie an den Grenzen stehen, die die Freiheit Ihres Partners setzt. Manchmal müssen Sie dafür vorübergehend Wünsche loslassen oder einen Mangel aushalten. Dabei können Sie auch spirituelle Mittel einsetzen. Eine sehr alte Glaubenserfahrung könnte Sie hier auf einen guten Weg führen. Sie drückt sich im Alten Testament aus: In Psalm 23 betet der israelische König David, dessen Leben etwa auf das Jahr 1000 v. Chr. datiert wird:

„Der Herr ist mein Hirte, mir wird nichts mangeln. Er weidet mich auf einer grünen Aue und führet mich zum frischen Wasser. Er erquicket meine Seele. Er führet mich auf rechter Straße um seines Namens willen. Und ob ich schon wanderte im finstern Tal, fürchte ich kein Unglück; denn du bist bei mir, dein Stecken und Stab trösten mich. Du bereitest vor mir einen Tisch im Angesicht meiner Feinde. Du salbest mein Haupt mit Öl und schenkest mir voll ein. Gutes und Barmherzigkeit werden mir folgen mein Leben lang, und ich werde bleiben im Hause des Herrn immerdar."

David beschreibt eine umfassende Fürsorge, die Körper und Seele einschließt, aber auch den Geist, also den Teil in uns, der sich auf Gott beziehen kann.

Manche Menschen erleben in Momenten des Mangels tatsächlich eine unbegreifliche Geborgenheit und Freude, nachdem sie sich an Gott gewandt haben. Andere entdecken in dem, wie ihr weiterer Tag verläuft, Zeichen von Gottes Freundlichkeit und Versorgung. Vielleicht versuchen Sie das auch einmal: Vertrauen Sie sich der Fürsorge Gottes an, wenn in Ihrer Beziehung einmal etwas Wichtiges fehlt. Beten Sie den Psalm und beobachten Sie in den nächsten Stunden, was geschieht. Die Erfahrung, dass Gott in Momenten des Mangels da ist und hilft, macht Sie in der Liebe gelassen. Grenzüberschreitungen werden Ihnen dann ganz unpassend vorkommen.

Aber auch Situationen der Überverantwortlichkeit können zum Anlass spiritueller Erfahrungen werden. Hier hat Jesus eine berühmte Einladung ausgesprochen: „Kommt her zu mir, alle, die ihr mühselig und beladen seid; ich will euch erquicken. Nehmt auf euch mein Joch und lernt von mir; denn ich bin sanftmütig und von Herzen demütig; so werdet ihr Ruhe finden für eure Seelen. Denn mein Joch ist sanft, und meine Last ist leicht" (Matthäus 11,28-30).

In unserer heutigen Sprache könnte man vielleicht sagen: „Bürde dir nicht zu viel auf. Ich treibe dich nicht an und setze dich nicht unter Druck. Übernimm nur, was ich dir auferlege, das kannst du tragen.

Den Rest lass liegen und lass los. Das wird dich entspannen." Auch diese Sätze können Sie einmal betend nachvollziehen, wenn Sie das nächste Mal unter Druck kommen. Vielleicht hilft Ihnen Ihr Glaube auch, Wichtiges von Unwichtigem zu unterscheiden und so die Last der Verantwortung zu erleichtern. Sie geraten seltener unter Druck und lassen sich dann sicher auch seltener zu Grenzüberschreitungen hinreißen.

So führt die Grenzüberschreitung zum existenziellen Thema von Mangel und Überverantwortlichkeit und die wiederum auf einen Weg des Glaubens.

Karina und Paul sind diesen Weg gegangen. Ihre Tochter war noch in der Grundschule, als Karina bereits den Bruch gespürt hat. Auf vieles, was Karina sagte oder tat, reagierte ihre Tochter mit Rückzug, Abwehr oder sogar Ablehnung. Das hat Karina in ihren Muttergefühlen verletzt und es war ihr kaum möglich, die Ablehnung zu ertragen. Karina hat natürlich vieles versucht, um wieder einen Zugang zu ihrer Tochter zu finden. Aber je mehr sich Karina bemühte, desto schlimmer schien es zu werden. Das hat sich auch auf die Ehe ausgewirkt. Karina hat sich von Paul im Stich gelassen gefühlt und ihren Mann damit stark konfrontiert. Sie hat von ihm gefordert, er solle mehr hinter ihr stehen und dies auch der Tochter zeigen.
Irgendwann hat Karina sich mit ihrem Schmerz in ihre Gottesbeziehung fallen lassen. Die Verantwortung, der sie in ihrer Familie nicht gerecht geworden ist, hat sie einfach losgelassen. Sie hat Momente von tiefem Trost erfahren, auch wenn sich an der Familiensituation zunächst nichts verändert hat. Sie versuchte, in den alltäglichen Begegnungen mit ihrer Tochter zurückhaltend, aber doch freundlich, wertschätzend und fürsorglich zu sein. Irgendwann spürte sie Anzeichen eines Neubeginns. Ihre Tochter konnte sich mehr öffnen und reagierte auf die Erziehung nicht mehr so abwehrend. Heute kann sich Karina weder erklären, wie es zu dem Bruch kam, noch was diesen wieder überbrückt hat. Sie nahm es einfach als Geschenk.

Freiheit durch Gehorsam

Wenn Ihr Partner gelegentlich Grenzen überschreitet, dann sieht Ihr spiritueller Weg etwas anders aus, auch wenn er von der gleichen Frage ausgeht, nämlich der Ihrer Freiheit. Natürlich kann man seine Freiheit verteidigen, einfach weil man ein Recht auf sie hat. Doch das haben wir in diesem Kapitel trotzdem vermieden. Denn es klingt schnell nach einer kleinlichen Selbstbezogenheit, die sich selbst wichtiger nimmt als die Liebe. Stattdessen haben wir uns darauf berufen, dass die Liebe nur gedeihen kann, wenn keiner seine Freiheit verliert.

Aus einer spirituellen Perspektive gibt es einen weiteren Grund, die eigene Freiheit zu schützen. Zum Wesen des christlichen Glaubens gehört es nämlich auch, sich in einem Akt freiwilliger Liebe der guten Herrschaft Gottes unterzuordnen. „Die Herrschaft Gottes ist nahe herbeigekommen", das ist die Kernbotschaft Jesu, wie sie in den vier Evangelien überliefert ist. Seine Lehre widmet sich hauptsächlich der Frage, wie Gottes Herrschaft aussieht: dass sie unsere religiösen Vorstellungen auf den Kopf stellt und warum sie ganz anders ist als das, was wir als menschliche Herrschaft erfahren. Wie sich Glaubende in diese Herrschaft einfügen, dazu leitet jede Konfession etwas anders an und stützt diesen Vorgang mit unterschiedlichen Ritualen. Auf verschiedenen Wegen machen Glaubende aber den Willen Gottes für sich verbindlich, wie er sich ihnen in der biblischen Überlieferung offenbart. Glaubende bitten darüber hinaus, dass Gott seine guten Absichten für ihr Leben auch ganz individuell zeigt, und üben sich im Gehorsam demgegenüber, was ihnen als Gottes Wille erscheint.

Wer die Erfahrung menschlicher Herrschaft auf Gott überträgt, für den wäre es ein abstoßender Gedanke, die eigene Freiheit in einem Willen Gottes aufgehen zu lassen. Weil Gottes Wille aber ein Ausdruck seiner selbstlosen Liebe ist, entfaltet Gehorsam die menschliche Persönlichkeit, statt sie einzuengen. Wer sich in Gottes Willen fügt, vergrößert die Freiheit, was die wesentlichen Dinge des Lebens angeht: die Freiheit, Liebe zu geben und zu empfangen, die Freiheit, glücklich zu machen und glücklich zu sein, die Freiheit, schöpferisch tätig zu sein und auch das schöpferische Potenzial anderer Menschen freizusetzen. Glaubende erfahren also ein Paradox: Die Bindung an Gott vergrößert ihre Freiheit. Das wirkt sich auch auf eine Paarbeziehung aus. Lassen Sie uns an einigen Beispiele betrachten, wie das praktisch wird.

Leonhard hat als introvertierter Mensch seine kontemplative Gabe entdeckt. Wenn er sich für einige Tage in ein Kloster zurückzieht, einen Tag allein in der Natur verbringt oder abends ein gehaltvolles Buch liest, fühlt er sich Gott sehr nahe. Sein Inneres wird wie von einer guten Kraft geordnet, danach fühlt er sich gelassener, fröhlicher, liebevoller und kann sich ganz neu auf Beziehungen einlassen. Marga dagegen, ein Beziehungsmensch und gelegentlich grenzüberschreitend, plant gerne. Sie würde Leonhard von seinen Rückzugsräumen abschneiden und seinen inneren Raum mit einem Übermaß an Erlebnissen füllen. Ganz ohne Kampf konnte Leonhard seine stillen Stunden nicht verteidigen. Aber je mehr er Marga von seinen kontemplativen Erfahrungen anvertraute und je mehr sie die positiven Auswirkungen erlebte, desto leichter konnte sie Leonhards Grenzen annehmen, wenn er sich einmal zurückziehen muss.

Sven hat ein Gespür für Qualität. Oder ist er bereits perfektionistisch? Jedenfalls spannt er Anke gewohnheitsmäßig ein, wenn er das Haus umbaut, eine Party organisiert oder den Garten neu anlegt. Anke kann durchaus genießen, was Sven alles auf die Beine stellt, aber manchmal fühlt sie sich in ihrem durchgestylten Leben nicht mehr richtig zu Hause. Ihre Gegenwehr ist immer zaghaft ausgefallen, denn Sven trägt seine Pläne einfach überzeugend vor. Das hat sich geändert, seit sie ihr Herz für die Obdachlosenarbeit ihrer Kirchengemeinde entdeckt hat. Anke findet einen Zugang zu den Männern, die sich ihr gegenüber respektvoll verhalten. Sie gibt es nicht vielen Menschen preis, doch sie fühlt sich dann wie ein „Werkzeug der Liebe Gottes“, wie es in dem Friedensgebet heißt, das Franz von Assisi zugeschrieben wird. Sven hat zunächst getobt, als Anke auch in einer Bauphase an ihrem Ehrenamt festgehalten hat. Inzwischen hat er ein anderes Maß gefunden und plant Anke nicht mehr so stark ein. Er hat sogar Respekt für Ankes Einsatz: „Ich könnte das nicht.“

Auf einem spirituellen Weg nähern sich beide von unterschiedlichen Ausgangspunkten dem Thema Freiheit. Einer bleibt aus Gottesfurcht an der Grenze stehen, die nicht nur die zwischenmenschliche Fairness setzt, sondern für die auch Gott selbst einsteht. Wo die menschliche Überreaktion ausbleibt, öffnet sich ein Raum für neue Erfahrungen mit Gott, die von Mangel und Überverantwortlichkeit entlasten. Die andere Seite findet in der Hingabe an Gottes Willen einen höheren Grund, die eigene Freiheit vor Vereinnahmung zu schützen.

Wenn Liebende blenden

Liebe zeigt sich von der besten Seite und sieht das Beste im anderen. Aber was geschieht, wenn einer aus Liebe mehr verspricht, als er halten kann? Oder wenn einer seine Fehler nicht zugibt? Selbstdarstellung ist anstrengend, denn ein Partner arbeitet immer wieder an einem Bild, das zu schön ist, um wahr zu sein. Er weckt hohe Erwartungen und kommt unter Druck, diese auch zu erfüllen. Aber auch für den anderen hat Selbstdarstellung unangenehme Folgen. Wer sich im andern täuscht, macht sich Hoffnungen und wird dann enttäuscht.

Auch Selbstdarstellung ist ein Schutzmechanismus, mit dem Partner ihre wunden Punkte schützen. Wie dieser Stachel zum Einsatz kommt und was er genau bewirkt, erkennen Sie in den folgenden Beispielen.

Selbstdarstellung, um toll zu sein. Karsten hat wirklich viele Qualitäten. Er ist charmant, klug und ein anregender Gesprächspartner. In seinem Beruf gehört er zu den Leistungsträgern, dazu ist er sehr freundlich und bescheiden. Dass Jasmin mit ihm eine gute Wahl getroffen hat, haben viele Freundinnen bestätigt, nicht ganz ohne Neid. Vielleicht war es ihr Schweben in einem unverhofften Glück, das ihren Sturz auf den Boden der Realität schmerzhaft macht. Denn Karsten kann auch schlecht gelaunt, kleinlich und selbstbezogen sein. Manchmal wehrt er ihr Bedürfnis nach Nähe lieblos ab. Das schmerzt Jasmin, besonders dann, wenn Karsten sich in Gesellschaft wieder in den charmanten Menschen verwandelt, in den sie sich verliebt hat. Jasmin fühlt sich hilflos. Lange hat sie Karsten entschuldigt, schließlich war er beruflich unter Druck. Und darf nicht jeder einmal in schlechter Stimmung sein? Aber irgendwann bricht ihre Enttäuschung durch:

„Für alle anderen bist du der Tolle! Warum kannst du das nicht mehr für mich sein? Bin ich so selbstverständlich für dich?"

„Alle wollen etwas von mir. Wenn du jetzt auch noch mit Erwartungen kommst, dann kann ich gar nicht mehr atmen."

„Aber was erwarte ich denn von dir? Ein bisschen Aufmerksamkeit, Freundlichkeit und Zärtlichkeit."

„Ich habe das Gefühl, ich bin dir nie gut genug."

In solchen Gesprächen drehen sich Jasmin und Karsten im Kreis. Keiner fühlt sich vom anderen verstanden. Beide sind in ihrem Selbstwertgefühl verletzt.

Als Außenstehende durchschauen wir aber, was sich in der Beziehung der beiden abspielt: Karsten weckt in seiner Art und mit seinem Auftreten zu hohe Erwartungen. Er überfordert sich und irgendwann werden ihm schon kleine Wünsche von Jasmin zu viel. So wenig Karsten den Grund seiner Überforderung bemerkt, so wenig ist sich Jasmin bewusst, dass sie zu viel von Karsten erwartet. Auch er ist ein ganz normaler Mensch, der Ruhe braucht und manchmal Frust verarbeiten muss.

Selbstdarstellung aus Angst vor Unzulänglichkeit. „Sag mal, Joachim ist manchmal ein wenig unsicher, oder?", hat Cosimas Freundin gefragt.
„Nein, wirklich?"
„Ja, irgendwie habe ich das Gefühl, dass er seine Unsicherheit überspielt. Besonders dann, wenn er etwas forsch auftritt."
„Ja? Das habe ich nie so empfunden. Bei mir ist Joachim ganz entspannt und selbstsicher. Vielleicht, wenn er jemanden noch nicht so gut kennt?"

An dieses Gespräch denkt Cosima manchmal zurück. Heute weiß sie genau, was ihre Freundin damals gemeint hat. Joachim reagiert manchmal tatsächlich so unbeholfen, dass es heute auch für Cosima etwas peinlich ist. Das wäre für Cosima kein Problem. Schlimm ist nur, dass Joachim seine Schwächen nicht zugeben kann. Wenn Cosima ihn einmal darauf anspricht, reagiert Joachim abwehrend: „Vergleiche mich doch nicht ständig mit anderen." Mit solchen Sätzen scheint Joachim zu sagen: „Wenn du mich liebst, dann musst du mich so annehmen, wie ich bin. Höre auf, mich mit meinen Schwächen zu konfrontieren."

Cosima hat das Gefühl, Freunde und Arbeitskollegen erkennen längst Schwächen, die Joachim nicht wahrhaben will. Außerdem sehnt sich Cosima nach einem starken Mann, der zu seinen Schwächen stehen und an sich arbeiten kann, wenn das nötig ist. In manchen Momenten spürt Joachim, dass Cosima recht hat: Natürlich hat auch er Schwächen und natürlich wäre es besser, sich diesen einmal zu stellen. Aber wenn Cosima ihm den Finger auf die Wunde legt, überkommt ihn einfach ein unwiderstehlicher Drang, sich zu verteidigen.

Selbstdarstellung, um moralisch gut dazustehen. „Aber es kann doch gar nicht sein, dass es immer an mir liegt und nie an dir, wenn wir uns streiten!" In Verenas Stimme kämpfen Protest und Resignation um die Oberhand.

Timo lächelt entwaffnend und streckt Verena die geöffneten Hände hin: „Ich weiß wirklich nicht, was ich ..."

„Und es gibt keinen Grund, wenn ich mich verletzt und von dir im Stich gelassen fühle?", fragt Verena herausfordernd.

„Ja, okay, dann sag doch mal."

„Manchmal, wenn ich dir etwas sage, habe ich das Gefühl, es berührt dich gar nicht. So als würdest du mir nur halb zuhören oder als würdest du es nur registrieren und dann wieder vergessen. Ach, ich weiß auch nicht, wie ich dir das erklären soll."

„Kann es sein, dass ich dich da an deinen Vater erinnere, der ja nun wirklich keine Zeit für die Familie hatte?"

Jetzt spielt er auch noch den Therapeuten, denkt Verena. „Ach, lass mal", sagt sie und hat den Eindruck, dass Timo froh über das Ende des Gesprächs ist.

Timo ist Pfarrer mit einer erfolgreichen Gemeindearbeit. Er lebt so in seinen Projekten, dass er im Alltag einfach kein guter Zuhörer ist. Er nimmt tatsächlich wenig von dem auf, was Verena beschäftigt. Das wäre eine verzeihliche Schwäche, denn an freien Tagen und im Urlaub sind die Familie und die Ehe sein Projekt. Timo ist dann wirklich aufmerksam.
Gemeindemitglieder haben Timo schon ganz ähnliche Rückmeldungen gegeben wie Verena. Aber offenbar kann es Timo nicht ertragen, einmal an den Bedürfnissen anderer schuldig zu werden. Er spielt den Saubermann, der seine Hände in Unschuld wäscht.

Auch wenn die Gründe für Selbstdarstellung unterschiedlich sind, bewirkt sie immer etwas ganz Ähnliches: Partner bauen Erwartungen auf, die enttäuscht werden, und sie laufen ins Leere bei dem Versuch, den anderen auf seine Schwächen hinzuweisen.

Zum Stachel der Selbstdarstellung greifen Männer viel häufiger als Frauen. Die Gründe liegen wohl in der Erziehung und in den Rollenerwartungen unserer Gesellschaft. Deshalb sind es in den Beispielen auch Männer, die sich selbst darstellen. Natürlich gibt es diesen Schutzmechanismus auch bei Frauen, nur eben seltener. Die Hintergründe und Folgen sind aber ganz ähnlich.

Die Folgen des Blendens

Enttäuschung – zu diesem Ergebnis führt Selbstdarstellung früher oder später. Dem könnte ein Paar aber auch etwas abgewinnen. Denn die Enttäuschung befreit den einen von einem Idealbild und der Anstrengung, die es kostet, dieses Bild aufrechtzuerhalten. Es befreit den getäuschten Partner von der Idealvorstellung, die er vom anderen aufgebaut hat. Aber auf diesen heilsamen Weg finden Paare in der Regel nicht sofort. Vielmehr lassen sie sich erst einmal von ihren Stressreaktionen leiten.

Anpassung. Diese Stressreaktion wahrt die Harmonie, indem sie sich der Selbstdarstellung einfach fügt. Sie akzeptiert das geschönte Bild des anderen und versucht nun ebenfalls, dieses Bild zu schützen und aufrechtzuerhalten. Betroffene Partner müssen sich dabei etwas vormachen, denn sie sehen ja im Alltag immer wieder etwas, das nicht zu dem Idealbild passt. Daher finden sie Entschuldigungen. Sie beschönigen oder erklären die Regel zur Ausnahme. Die Schuld für Enttäuschungen nehmen sie manchmal sogar auf sich selbst. Sie setzen die Liebe mit der Fähigkeit gleich, nur das Beste im anderen zu sehen.

Eng wird es für beschönigende Partner, wenn Freunde oder Geschwister auf unangenehme Wahrheiten in der Beziehung aufmerksam machen. Wenn andere feinfühlig sind, merken sie, dass solche Beobachtungen nicht willkommen sind, und schweigen dann aus Taktgefühl.

Beschönigende Partner müssen sich zurücknehmen, manchmal hemmt das ihre persönliche Entwicklung. Denn eine starke Persönlichkeit beruht auch auf dem Mut zur Wahrheit. Sie nimmt die eigenen Gefühle und Wahrnehmungen auch dann ernst, wenn unangenehme Wahrheiten sichtbar werden. Wo das nicht geschieht, da entwickelt sich ein Paar nur noch wenig. Dann kann es sein, dass man einem Paar nach Jahren begegnet und feststellt: Sie sind noch ganz die Alten.

Kampf. Selbstdarstellung kann auch wütend machen. Enttäuschte Partner kämpfen dann darum, dass der andere einlöst, was seine Selbstdarstellung versprochen hat. Oder sie entlarven, was fehlt, damit sich der andere bessert:

„Draußen bist du der Liebling von allen. Jeder sagt: ‚Mit Daniel kann man sich soooo gut unterhalten.‘ Dann hör mir doch mal wieder zu“, beschwert sich Gabriele. Dabei ist Daniel auch so schon aufmerksamer als der Durchschnitt der Männer. Aber weil sein Auftreten mehr verspricht, fordert Gabriele auch mehr ein. Daniel strengt sich dann eine Weile an, aber weil ihn das eigentlich überfordert, erlahmen seine Bemühungen bald.

Ich kenne viele Männer, die sich durch ihr Auftreten in eine Art Supermannrolle gebracht haben, was ungeheuer anstrengend ist. Sobald sie etwas Durchschnittliches liefern, gibt es in der Beziehung Spannungen.

Vermeidung. Eine letzte Stressreaktion flieht einfach, wo sich Enttäuschung einstellt:

Claire ist sich sicher, dass ihre Freundinnen Harald für einen tollen Liebhaber halten. Denn mit ihm entsteht schnell ein Knistern in der Begegnung. Er ist gepflegt, riecht gut, kleidet sich anziehend und weiß um seine Wirkung auf Frauen. Tatsächlich wickelt Harald den Sex aber oft geistesabwesend ab, besonders, wenn er wie so oft in Stress ist. Wenn sie einen Orgasmus erlebt, scheint er einen Haken auf seiner To-do-Liste zu machen. So hat sich Claire die Liebe aber nicht vorgestellt und zieht sich aus der Intimität zurück.

Andere Partner reagieren ähnlich. Sie fühlen sich enttäuscht und lassen sich nicht mehr auf tiefere Gespräche ein. Sie gehen manchen Unternehmungen aus dem Weg. Stattdessen halten sie sich an das, was in der Beziehung schön ist. Das vermeidet Kämpfe und wahrt zugleich das Ansehen des enttäuschenden Partners. Oft kommt es aber zu einer inneren Entfernung voneinander, weil Gemeinsamkeiten und Berührungspunkte verloren gehen.

Wir können sehen: Die Stressreaktionen Anpassung, Kampf und Vermeidung helfen jede auf ihre Weise, mit Enttäuschung umzugehen. Sie haben aber alle Nebenwirkungen, die die Liebe einschränken. Außerdem verbauen sie die Wege, auf denen ein Paar wirklich weiterkommen würde. Solche Wege beschreiben die beiden nächsten Abschnitte, zunächst für den selbstdarstellenden Partner, dann für den, den der Stachel der Selbstdarstellung manchmal schmerzt.

Selbstkorrektur: Mut zur Echtheit

Wenn Sie sich etwas zu gut verkaufen, dann hat Sie Ihre Intuition wahrscheinlich zu einem Menschen geführt, für den Sie weder glänzen noch erfolgreich sein müssen. Denn wer ein Leben lang die Notwendigkeit verspürt hat, besser zu sein als er ist, sucht sich meist einen Partner, bei dem das nicht mehr nötig ist. Er sucht in der Liebe einen Ort, an dem man offen und wahrhaftig sein kann, an dem man sich nicht verstellen und verbiegen muss.

Doch unsere Schutzmechanismen laufen ganz automatisch ab. Daher kommt es vor, dass wir den Tollen oder die Tolle spielen, obwohl es gar nicht mehr nötig ist. Wir vergessen, dass die Liebe unseres Partners gar nicht darauf abzielt, was wir darstellen oder vorzeigen können, sondern dass sie unserer unverwechselbaren Persönlichkeit gilt.

Selten führt die Liebe auch zu einer verhängnisvollen Partnerwahl. Dann wählen Menschen, die sich nicht gut genug fühlen, auch noch Partner, die sie antreiben, besser zu werden. Wenn das auf Sie zutreffen sollte, dann haben Sie es schwer. Denn Sie müssen nicht nur die Prägungen Ihrer Herkunftsfamilie hinter sich lassen, sondern auch noch den Erwartungen Ihres Partners entgegentreten, weil beide Sie zur Selbstdarstellung reizen.

Hier hilft folgende Einsicht: Selbst wenn Sie Ihr Partner gelegentlich antreibt, besser zu sein, als Sie in Wirklichkeit sind, kommt dies nicht aus dem tiefsten Herzen Ihres Partners. Auch dieses fordernde Verhalten ist ein Schutzmechanismus, der sich nur unter Stress aktiviert. In entspannten Situationen gilt die Liebe Ihres Partners wirklich Ihrer Person, auch in Ihren Fehlern und Ihrer Begrenztheit. Wenn Sie einmal darüber nachdenken, fallen Ihnen sicher auch Beweise für eine Liebe ein, die nicht an Bedingungen geknüpft ist. Vertrauen Sie darauf, dass *Sie* geliebt werden und nicht ein ideales Bild, das sich Ihr Ehepartner vielleicht von Ihnen macht. Dann haben Sie bereits einen Weg zur Echtheit betreten.

Nehmen Sie sich selbst ohne Bedingungen an

Manche Psychotherapeuten, die sich mit unserer Identität beschäftigt haben, unterscheiden ein wahres Selbst von einem falschen Selbst.[2] Weil jeder sein Ich etwas anders erlebt, ist es gar nicht einfach zu definieren. Der Fachbegriff des Selbst meint alles, was zu unserer Person gehört: unsere Eigenschaften, Wesenszüge, Fähigkeiten und unsere

2 Zum Beispiel Alice Miller in: Das Drama des begabten Kindes und die Suche nach dem wahren Selbst (1979). Suhrkamp Verlag, Berlin.

Grenzen. Wenn wir unser Ich zu sehr an Äußerlichkeiten festmachen, können wir von einem falschen Selbst sprechen: „Was mich ausmacht ist, dass ich intelligent/erfolgreich/witzig/attraktiv ... bin." Ein falsches Selbst braucht immer wieder Bestätigung. Denn Äußerlichkeiten definieren sich über den Vergleich und stehen dadurch immer in Konkurrenz zu anderen. Wenn ich zum Beispiel sage, jemand sei intelligent, dann meine ich: intelligenter als viele andere.

Hier entsteht schnell die Gefahr, sich und anderen etwas vorzumachen, um die nötige Bestätigung zu finden. Aber auch wenn unser falsches Selbst bestätigt wird, fühlen wir uns nie wirklich geliebt, weil die Liebe nur etwas Äußerem gilt und nicht dem, wie wir im Tiefsten sind. Das gilt natürlich besonders für unsere Partnerschaft. Wahre Bestätigung können wir nur dann finden, wenn wir so geliebt werden, wie wir wirklich sind, samt unseren Fehlern und Mängeln.

An dieser Stelle stehen Sie vor einer Entscheidung: Wollen Sie Ihr wahres Ich akzeptieren und auch Ihrem Partner zeigen? Wenn Sie diesen Entschluss treffen, wozu ich Ihnen natürlich rate, dann wird das Bild von Ihnen vollständiger und authentischer:

- „Für Dinge, die mich begeistern, kann ich mich unglaublich einsetzen. Bei alltäglichen Pflichten bin ich aber manchmal ziemlich träge und müsste hier noch an mir arbeiten."
- „Die meisten Menschen halten mich für sehr charmant. Aber ich kann manchmal auch sehr verletzend sein, das tut mir dann leid."
- „Ich weiß, dass ich gut organisiert bin und Projekte gut durchziehen kann. Dafür vernachlässige ich oft mein inneres Leben und weiß manchmal kaum, wie es in mir aussieht."

Selbstannahme ist ein Heilmittel gegen die Selbstdarstellung. Sie denkt nicht zu gut, aber auch nicht zu schlecht über sich. Wenn ich dann einmal nicht erfüllen kann, was sich meine Partnerin oder mein Partner von mir erträumt, kommt mein Selbstwertgefühl nicht ins Wanken. Denn selbst wenn ich den anderen einmal enttäusche, kann das sogar eine Befreiung sein: „Tut mir leid, da hast du dir vielleicht ein zu gutes Bild von mir aufgebaut." Das mag beiden etwas wehtun, aber der Druck verschwindet, sich besser zeigen zu müssen, als man ist. Wenn Sie den Entschluss zur Selbstannahme fassen, sind Sie bereit für den nächsten Schritt.

Vertrauen Sie der Liebe

Am liebsten würde ich an dieser Stelle schreiben: „Vertrauen Sie der bedingungslosen Liebe Ihrer Partnerin bzw. Ihres Partners.“ Doch weil Ihr Partner auch nur ein Mensch ist, wäre das zu ideal formuliert. Zwar hängt die Liebe des anderen tatsächlich nicht davon ab, ob Sie etwas leisten oder darstellen. Aber ganz ohne Bedingungen ist die Liebe trotzdem nicht. Denn die Liebe muss genährt werden und die Nahrungsmittel für die Liebe sind: Freundlichkeit, echtes Interesse am anderen, Wertschätzung, Humor, Zärtlichkeit, liebevolle Überraschungen, ungestörte Zeit zu zweit, Trost und Verständnis.

Wo diese Bedingungen fehlen, schwindet die Liebe und die Partner werden unglücklich. Das zeigt die folgende Liebesgeschichte:

Fred ist beruflich so erfolgreich, dass er Mara ein wunderbares Zuhause geschaffen hat. Er ist attraktiv und unglaublich einsatzbereit. Er kennt den halben Ort und steht dem örtlichen Fußballverein vor. Mara geht es trotzdem nicht gut, sie zieht sich von Fred zurück und pflegt ihre Freundschaften und Hobbys. Fred hat das Gefühl, dass Mara nie genug bekommen und er sie nie zufriedenstellen kann. Aber Mara reagiert ganz normal. Ihre Liebe findet keine Nahrung, weil ihr Fred zu wenig Aufmerksamkeit schenkt. Das können die tollen Leistungen und bewundernswerten Eigenschaften von Fred nicht aufwiegen.

Fred würde es kaum glauben, wenn wir sagen: „Entspann dich! Mara liebt dich, du brauchst dich gar nicht so anzustrengen, nicht so viel zu leisten und ihr nicht so viel zu bieten. Nimm dir einfach etwas mehr Zeit für sie. Genieße, was Mara ausmacht und was sie dir gibt. Das gibt eurer Liebe die Nahrung, die ihr bisher gefehlt hat.“

Die Liebe unseres Partners ist zwar nicht bedingungslos, aber ihre Bedingungen sind leicht zu erfüllen, wenn wir uns nur auf die richtigen Dinge konzentrieren.

Es kann natürlich auch sein, dass sich Ihr Partner einmal anspruchsvoll und fordernd verhält. Denn wer wäre nicht irgendwie vom Statusdenken unserer Leistungsgesellschaft beeinflusst? Ihr Partner wünscht sich in manchen Momenten, dass Sie etwas Besonderes bieten. Es würde Sie natürlich überfordern, diese idealen Erwartungen zu erfüllen. Und genau das könnte Sie zur Selbstdarstellung reizen. Dann versprechen Sie durch Ihr Auftreten mehr, als Sie halten können, und sind nicht mehr frei, auch zu Ihren Fehlern und Begrenzungen zu stehen.

Vertrauen bedeutet dann, sich selbst zu sagen: „Es mag ja sein, dass es in meiner Partnerin / meinem Partner einen Teil gibt, der möchte, dass ich toll bin. Aber das ist eben nur ein Teil, eine weniger reife Seite. Von diesem Teil muss ich mich nicht bestimmen und unter Druck setzen lassen. Im Tiefsten liebt mich meine Partnerin / mein Partner so wie ich wirklich bin. Sie/er würde mich nicht wirklich zu Leistungen oder einem Ansehen treiben, die mich überfordern und vielleicht gar nicht zu meiner Persönlichkeit passen."

Es gibt noch einen anderen Punkt, an dem Ihr Vertrauen in die Liebe ganz praktisch werden kann. Auch wenn Sie einmal eine Erwartung enttäuschen müssen, können Sie mit einer positiven Reaktion rechnen. Folgende Sätze drücken dieses Vertrauen aus.

- „So viel auf einmal schaffe ich leider nicht. Aber sag mir doch, was dir gerade am Wichtigsten ist. Das mache ich dann gerne."
- „Ja, ich bin hier wirklich noch etwas unsicher. Aber gib mir ein wenig Zeit. Ich finde schon meinen Weg und werde dann auch wieder selbstsicherer."

Wenn ich Menschen begleite, die ihre Selbstdarstellung hinter sich lassen und ehrlich werden, dann beobachte ich eine große Erleichterung. Ehrlichkeit befreit. Sie setzt Leichtigkeit und Lebendigkeit frei. Sie führt zu einer Selbstvergessenheit, die viel Aufmerksamkeit und Gefühl für den anderen übrig hat.

Ihr Partner kann Sie darin unterstützen.

Den Partner durchschauen

Damit Selbstdarstellung funktioniert, braucht es zwei. Einer zeigt ein Bild von sich, das zu schön ist, um wahr zu sein. Der andere glaubt es nur zu gerne. Ein liebevolles Durchschauen dagegen zieht der Selbstdarstellung den Stachel. Der Partner mag sich zwar immer noch gut verkaufen, aber Sie korrigieren das geschönte Bild in Ihrer Wahrnehmung so, dass es die Wirklichkeit zeigt. Dann fühlen Sie sich nicht mehr unterlegen und Sie bauen keine Erwartungen mehr auf, denen Ihr Partner nicht gerecht werden kann. So ersparen Sie sich die Enttäuschung. Doch manchmal wollen wir den anderen gar nicht so sehen, wie er ist. Etwas in uns hält an einem Idealbild fest.

Lassen Sie Idealbilder los

Für manche ist die Liebe mit einer großen Sehnsucht verbunden. Sie erträumt sich eine Antwort auf die tiefsten Bedürfnisse. Sie erhofft sich Heilung für alte Wunden. Je größer die Sehnsucht ist, desto eher fühlen wir uns von vielversprechenden Partnern angezogen und desto eher bauen wir ein Idealbild vom anderen auf und halten an diesem fest.

Weil Verliebtheit den anderen immer etwas idealisiert, müssen wir alle irgendwann Wunschvorstellungen loslassen. Mancher Streit zwischen Partnern hat allein das Ziel, dass sich der andere wieder so verhält, wie es dem eigenen Wunschbild entspricht. Reife Liebe dagegen lässt Wunschbilder los und akzeptiert, dass unser Partner manchmal anders ist als unsere Vorstellungen von ihm. Sie lässt sich überraschen und findet das Glück auch da, wo sie es nicht vermutet und gesucht hätte. Das haben die folgenden Paare erlebt.

- Dass er ängstlicher und vorsichtiger ist als sie, war für sie schwer zu akzeptieren. Ein Mann sollte doch mutig sein und Sicherheit geben. Inzwischen schätzt sie aber seine Wachsamkeit, die sie schon vor einigen Fehlern bewahrt hat. Sie kann auch seinen Mut bewundern, der gerade darin besteht, sich den eigenen Ängsten zu stellen.
- Sie hat ihre Gefühle so intensiv ausgedrückt und war so unternehmungslustig, dass für ihn sofort feststand: An der Seite dieser Frau genieße ich das pralle Leben. Dass sie den Augenblick

kaum genießen kann, weil sie immer schon beim nächsten ist, war für ihn überraschend, ja erschreckend. Inzwischen kann er das akzeptieren und sieht, dass sie seine Ergänzung braucht. Sie tritt auf das Gaspedal und setzt im gemeinsamen Leben vieles in Bewegung, er muss gelegentlich bremsen, damit sie beide verweilen und genießen können.

Beide Partner in den Beispielen haben ihre Wunschbilder losgelassen. Nicht immer gelingt das so leicht. Wenn ein Idealbild zerbricht, kann das mit großem Schmerz und Traurigkeit verbunden sein. Manche fürchten diese Gefühle und halten deshalb mit aller Kraft an einem Idealbild fest.

Doch wie bei allen geplatzten Träumen und unerfüllten Wünschen ist die Zeit begrenzt, in der wir traurig sind. Irgendwann haben wir die Enttäuschung verschmerzt. Wir öffnen uns wieder für das Schöne, das wir bereits haben, und strecken uns nach dem aus, das für uns erreichbar ist.

Wenn Sie ein Idealbild vom anderen loslassen, hat das auch Auswirkungen auf Ihren Partner. Denn der andere hat sich vielleicht oft angestrengt, um Ihrem Idealbild gerecht zu werden. Wenn Sie Ihren Partner hier loslassen, helfen Sie ihr oder ihm immer mehr dabei, die Person zu werden, die sie oder er wirklich ist. Ihr Partner wird Sie mit den Qualitäten beschenken, die in ihm angelegt sind. Möglicherweise lassen Sie sich damit auf eine Reise ein, die ganz anders ist als die, die Sie zu Beginn der Beziehung gebucht haben.

Wo Sie Idealbilder loslassen, können Sie das wahre Ich Ihres Partners umso besser erkennen.

Sehen Sie das Kind im anderen

Liebe nimmt den anderen auch in seinen Schwächen an. So enttäuschend die Selbstdarstellung manchmal sein mag, sie entspringt doch inneren Gründen, in die wir uns gut einfühlen können.

Der Junge und das Mädchen, die immer toll sein mussten. Manche Kinder haben besonders dann Zuwendung erfahren, wenn sie etwas dargestellt haben. Sie mussten zum Beispiel begabt, hübsch oder unterhaltsam sein, wenn sie die Aufmerksamkeit eines Elternteils gewinnen wollten. In anderen Familien dagegen kamen Kinder gut an, wenn sie besonders sozial oder opferbereit waren. Manchmal mussten Kinder um die knappe Aufmerksamkeit der Eltern kämpfen und mit Geschwistern in Konkurrenz treten.

Wenn Sie das liebeshungrige Mädchen oder den liebeshungrigen Jungen hinter der Selbstdarstellung erkennen, geht Ihnen vielleicht das Herz auf. Dann legen Sie Ihre Finger auf die vielversprechenden Lippen Ihres Partners und sagen: „Schon gut, Schatz." Und dann schenken Sie dem andern eine Extraportion Liebe.

Das Mädchen und der Junge, die nicht gut genug sind. Schon bei kleinen Missgeschicken zog über manchen Kindern die Wolke eines künftigen Versagens auf. In der Miene eines Elternteils zeigte sich die Sorge, wie ein Kind im Wettbewerb mit den anderen wohl bestehen wird. Über dem Miteinander mit Gleichaltrigen, das doch unbeschwert sein könnte, lastete der Vergleich und die Angst, vielleicht nicht gut genug zu sein. Wenn Sie das Kind erkennen, das sich vor dem Vergleich und vor dem Versagen fürchtet, dann verzeihen Sie schnell, wenn Ihr Partner einmal Missgeschicke schönredet. Sie finden vielleicht zu Worten wie diesen: „Schatz, und selbst wenn etwas total danebengeht, ändert das doch an meiner Liebe nichts."

Das Mädchen und der Junge, die oft schuld waren. Manche Familien tragen sogenannte Schuldkonflikte aus. Die laufen ab wie das Kartenspiel Schwarzer Peter: die ungeliebte Karte, die ihren Besitzer zum Verlierer macht, wird anderen Mitspielern zugeschoben. Schon für uns Erwachsene ist es nicht leicht zu ertragen, an etwas schuld zu sein. Aber wie viel schwerer wiegt es, wenn Eltern eine Schuld, die sie selbst nicht tragen wollen, auf ihr Kind laden. „Du bist schuld, dass deine Mama weint!" Oder: „Weil du bockig warst, gab es bei dem schönen Ausflug so viel Streit." Dieses schwer erträgliche Gefühl, schuld zu sein, können Sie erahnen, wenn Ihr Partner einmal den Saubermann oder die Heilige spielt. Dann geben Sie Ihrem Gegenüber taktvoll zu verstehen, dass die Schuldfrage eigentlich keine Rolle spielt: „Ach egal. Wir machen jetzt das Beste daraus."

Wenn Sie einen Stachel auf seinem lebensgeschichtlichen Hintergrund sehen, können Sie einfühlsam reagieren. Sie können es sogar wagen, Ihren Partner zu entlarven.

Entlarven Sie liebevoll

Es gibt ein Entlarven, das den anderen bloßstellen will. Es will den anderen zwingen, sich seinen Versäumnissen und Fehlern zu stellen. Es zeigt die Schuld auf, die ein anderer noch begleichen muss. Ein solches Entlarven wird natürlich nur noch mehr Schutzmechanismen aktivieren. Hier kommt daher alles auf die richtigen Motive an: Denn es gibt auch ein liebevolles Entlarven, das den anderen entlasten will. Es lädt ein, aus dem Versteck herauszukommen, weil Gutes auf sie oder ihn wartet. Dass Ihr Entlarven liebevoll gemeint ist, erkennt Ihr Partner an der Wärme in Ihrer Stimme, an Ihrer entspannten Körperhaltung, an Ihrem freundlichen Gesichtsausdruck und Ihrem neckenden, herausfordernden Blick.

Liebevolles Entlarven kann so klingen:

- „Du warst wirklich großartig. Aber wenn du das vor mir so betonst, dann wirkt es, als müsstest du mich damit beeindrucken. Das ist doch gar nicht nötig."
- „Kann es sein, dass es dir gerade ein ganz klein wenig darum geht, dass du nicht schuld bist an der Panne?"
- „Klar, es gibt gute Gründe, warum dir das jetzt nicht so gut gelungen ist. Aber selbst wenn es keine Gründe gäbe und du dich einfach einmal blamierst, wie es mir viel häufiger passiert, dann ist die Welt doch auch noch in Ordnung, oder?"

In diese Beispielsätze habe ich viel Taktgefühl gelegt, damit die Entlarvung nicht bloßstellend klingt. Wenn wir wütend sind, werden uns solche Sätze nicht gelingen. Dann beruhigen wir uns besser und warten, bis wir wieder Liebe zum anderen spüren. Vielleicht hilft es Ihnen, Ihre Entlarvungssätze zunächst schriftlich zu üben. Im Zusammensein mit Freunden oder Kollegen, die einander gut kennen, ist liebevolle Entlarvung immer wieder zu hören. Manche unserer Zeitgenossen sind sogar außerordentlich begabt darin. Ihnen kann niemand etwas vormachen.

Was Sie hier hören, können Sie sammeln, eventuell etwas abwandeln und in Ihr eigenes Repertoire aufnehmen.

Wenn Sie regelmäßig liebevoll entlarven, werden Sie von Ihrem Partner Sätze wie diese hören:

- „O.k., aber dir kann ich ja sowieso nichts vormachen."
- „Du durchschaust mich ja ohnehin."

Jede Selbstdarstellung lebt von der Erwartung, dass ein anderer sich von einem positiven Bild beeindrucken lässt. Ihr Durchschauen nimmt der Selbstdarstellung den Wind aus den Segeln. Es lässt Ihren Partner mehr bei sich selbst ankommen – und damit auch mehr bei Ihnen. Liebevolles Entlarven trainiert Sie auch selbst, der Selbstdarstellung nicht mehr alles abzunehmen – auch wenn es noch so verlockend ist. Wenn Sie Ihren Partner durchschauen, um ihn so zu sehen, wie er nun einmal ist, dann ist das schon ein großer Schritt zu einer höheren Liebe, die keine Bedingungen stellt.

Aus den Quellen des Glaubens schöpfen

Gerade in unseren Paarbeziehungen stellt sich die spirituelle Frage nach der Wahrheit. Wie ehrlich dürfen wir in einer Beziehung sein? Wo beginnt die Lüge, wie schwer wiegt sie und wie gehen wir mit ihr um?

Hier könnte unsere Suche schnell in der Sackgasse der Moral enden: Die Wahrheit sagen ist gut, Lügen sind schlecht, auch die kleinen Lügen, die in jeder Selbstdarstellung stecken. Doch jeder, der schon einmal versucht hat, sich moralisch zu bessern, kennt die Erfahrung: Wir Menschen sind ziemlich schlecht darin, moralische Regeln einzuhalten, besonders wenn wir unter Stress geraten. Moral hat nicht die Kraft, uns zu verändern. Sie hält uns allenfalls einen Spiegel vor Augen und zeigt, wie es um uns steht.

Wer sich zusammenreißt und moralische Regeln befolgt, wird überdies oft selbstgefällig oder sogar überheblich. Auch das beobachte ich immer wieder in der Ehetherapie: Ein Partner, der moralische Regeln etwas konsequenter einhält, sieht irgendwann auf den anderen herab. Daher könnten wir hier leicht den Teufel mit dem Beelzebub austreiben: Wer sich zuvor selbst dargestellt hat, würde nun authentisch auftreten und dies gleich als neues Image nutzen – eine religiös veredelte Form des Blendens, die für den Partner noch schwerer zu durchschauen ist.

Mein eigener religiöser Weg hat moralisch begonnen, wie der der meisten Menschen. Umso mehr überraschte mich, als ich entdeckt habe, dass es im christlichen Glauben nicht um Moral geht. Regeln, die man um ihrer selbst willen einhalten soll, wird man in der Bibel vergeblich suchen. Natürlich kann einer, der mit dem Gott der Liebe unterwegs ist, kein unmoralischer Mensch sein. Dennoch geht es nie um moralische Regeln, sondern um ein gesundes Verhältnis zu Gott und den Mitmenschen. Hier entsteht eine Motivation, die wirklich verändern kann. Hier treten Menschen in ein Kraftfeld der Liebe, das ihr Denken, Fühlen und Handeln neu ausrichtet.

Willigen Sie in Gottes bedingungslose Liebe ein

In seinem Auftreten und in seiner Botschaft demonstriert Jesus eine Liebe, die quer zu unserem religiösen Empfinden steht. Wir wollen bessere Menschen werden und höhere Stufen eines religiösen Bewusstseins erklimmen. Jesus dagegen vermittelt: „Du musst dich nicht selbst erlösen. Egal, in welchem Zustand und in welchen Umständen du dich gerade befindest, du bist geliebt. Gerade in deiner Unzulänglichkeit sorgt Gott für dich."

Kaum überbietbar veranschaulicht Jesus dies in seinem Gleichnis vom verlorenen Sohn, das uns im 15. Kapitel des Lukas-Evangeliums überliefert ist: Ein Sohn lässt sich auf anstößige Weise sein Erbe vorzeitig auszahlen. Er verlässt das Gut seines Vaters, verschwendet das Geld und verarmt. Für einen Hungerlohn hütet er schließlich Schweine, bis er sich zerknirscht wieder zum Gut seines Vaters aufmacht. Der Vater sieht ihn schon von Weitem, rennt ihm entgegen und schließt ihn in die Arme. Auf das Schuldbekenntnis des Sohnes scheint er kaum zu hören, er lässt ihn neu einkleiden, schenkt ihm die volle Würde als Sohn zurück und ruft ein Fest aus. Ganz offenbar hat sich der Vater nach seinem Sohn gesehnt. Dessen Versagen, Schuld und Schande sind dagegen zweitrangig. Die Liebe lässt sich vom erbärmlichen Zustand des Sohnes nicht abschrecken.

Diese bedingungslose Liebe demonstriert Jesus auch in seinem

Verhalten, was zum Anstoß für die Religiösen seiner Zeit wird. Er lädt sich zum Essen bei einem Zollchef ein, einem Kollaborateur mit der römischen Besatzungsmacht, der sich – wie er später zugibt – in dieser Position auch noch persönlich bereichert hat. Die religiösen Führer beschweren sich, dass Jesus hier moralische Grenzen verrückt. „Ich bin doch gerade für die da, die auf Irrwege geraten sind", verteidigt sich Jesus (Lukas 19,1-10).

Die vier Evangelien überliefern noch etliche Begegnungen, in denen Jesus den Menschen Nähe und Annahme zeigt, die nach der damaligen Sicht nicht die Bedingungen dafür erfüllen: scheinbar Ungläubigen (Matthäus 15,22-28), einer Ehebrecherin (Johannes 8,3-11), einer Prostituierten (Lukas 7,36-50), Blinden und Todkranken, die angeblich eine Strafe Gottes tragen (Johannes 9,1-7), einem Räuber (Lukas 23,32-42). An der bedingungslosen Liebe Gottes endet jede Notwendigkeit der Verstellung. Gottes Nähe und Annahme gelten uns so, wie wir sind. Warum sollten wir uns und anderen noch etwas vormachen? Ehrlichkeit ist geradezu der Beweis eines echten Glaubens, der sich der Liebe Gottes öffnet und in ihr den Ausgangspunkt für alles andere findet. Verstellung dagegen ist Unglaube, ein Rückfall in den Irrtum, anders und besser sein zu müssen, als man ist.

Wenn wir uns allerdings bedingungslos geliebt wissen, dann ändert das unser Verhältnis zu Gott und den Mitmenschen. Auch in einer Liebesbeziehung wirkt sich das aus.

Thorsten hat eine falsche berufliche Entscheidung getroffen, die sich nun über Jahre auf sein Einkommen auswirkt. Silvia hat sich in ihren Wünschen immer an dem orientiert, was sich die anderen in ihrem Umfeld leisten konnten. Obwohl Thorsten Schulden machen musste, hat er die meisten Wünsche von Silvia erfüllt. Er wollte sich einfach keine Blöße geben. Im Gespräch mit seiner Pfarrerin wurde ihm deutlich, wie wenig er seinen Wert an Gott festmacht.

Dieser Anstoß arbeitete in ihm und irgendwann legte er Silvia die finanzielle Situation ohne Beschönigung offen. Seitdem ist sie sparsamer und unterstützt Thorsten im Haushalten. Natürlich ist das für Thorsten mit mancher Peinlichkeit verbunden. Aber er fühlt sich freier und spürt ein stärkeres Vertrauen – in Gott und in das Leben. Auch Silvia bemerkt, wie eine Last von Thorsten abfällt und wie er seine Liebe nun wieder besser und häufiger zeigen kann.

Lassen Sie sich Ihre Illusionen rauben

Wenn Selbstdarstellung zum Problem wird, sind zwei daran beteiligt. Einer, der sich zu gut verkauft, und ein anderer, der das glaubt. Wenn Sie manchmal unter dem Stachel „Blenden" leiden, dann stellt sich auch Ihnen eine spirituelle Aufgabe.

Eine glückliche Partnerschaft deckt viele unserer Bedürfnisse ab: zum Beispiel unser Bedürfnis nach Nähe und Zärtlichkeit, unser Bedürfnis nach einem Menschen, der für uns in ganz besonderer Weise da ist, unser Bedürfnis nach Unterstützung in den Herausforderungen unseres Lebens und unser Bedürfnis nach Momenten besonderer Intimität und Lust. Es gibt aber auch Bedürfnisse, die selbst die glücklichste Beziehung nicht stillen kann. Diese könnte man existenzielle oder spirituelle Bedürfnisse nennen:

- nach Sinnerfüllung
- nach Trost in der traurigen Einsicht, dass unsere Lebensmöglichkeiten begrenzt sind
- nach einer Hilfe, mit Schuld umzugehen
- nach Geborgenheit angesichts von Krankheit, Alter und dem unentrinnbaren Tod
- nach einer Antwort auf unseren unstillbaren Durst nach Glück, der sich auch nach den schönsten Erlebnissen bald wieder einstellt
- nach einer Liebe, die uns von Selbstunsicherheit, Unzulänglichkeit und Versagensgefühlen heilt

Blenden wird besonders dann zum Problem, wenn es an unsere tiefsten Sehnsüchte und an unsere existenziellen Bedürfnisse rührt. Denn dann richten wir Hoffnungen auf unseren Partner, die sie/er niemals erfüllen kann. Das zeigt folgende Paargeschichte.

Britta hat eine schwere Kindheit gehabt. Sie fühlt sich daher schnell benachteiligt und reagiert sensibel auf Belastungen. Olaf verkörpert das glatte Gegenteil: Er zeigt einen unverwüstlichen Optimismus und wirkt wie ein Fels in der Brandung. Kein Wunder, dass sich Britta an seiner Seite eine tiefe Geborgenheit erhofft hat und sogar eine Wiedergutmachung von manchem, was sie verpasst und erlitten hat.

Tatsächlich hat Olaf manches ausgeglichen, was Britta in ihrer Kindheit gefehlt hat. Er hat Probleme vorausgesehen und Britta vor diesen geschützt, so wie sie es früher von ihren Eltern gebraucht hätte. Er hat ihr viele Stunden exklusive Aufmerksamkeit geschenkt und oft zurückgestellt, was ihn beschäftigt hat. Dabei hat sich Olaf allerdings überfordert. Je mehr er von Brittas Verletzungen verstanden hat, desto angestrengter hat Olaf versucht, eine Antwort auf ihre tiefsten Sehnsüchte zu verkörpern.

„Bin ich Jesus?“, hat Olaf einmal im Streit gefragt, als er sich von Britta überfordert gefühlt hat. Auch wenn Olafs Frage nicht sehr taktvoll ist, trifft sie genau den Punkt. Er kann Britta nicht von ihrer Vergangenheit erlösen und sie auch nicht von ihren Lebenslasten befreien, selbst wenn sein Auftreten durchaus solche Hoffnungen weckt.

Weil kein Mensch unsere existenziellen Bedürfnisse stillen kann, führen gerade sie uns zu den Quellen des Glaubens. Eine Begebenheit veranschaulicht dies in ganz besonderer Weise. Sie ist uns im vierten Kapitel des Johannesevangeliums überliefert: Jesus durchquert ein Gebiet, das zwischen Jerusalem und der Gegend westlich des Sees Genezareth liegt. Müde setzt er sich an einem Brunnen nieder, während seine Schüler in die Stadt gehen, um Essen zu kaufen. Eine Frau kommt in der Mittagshitze zum Wasserholen, offensichtlich will sie den Leuten aus dem Weg gehen. Jesus kommt mit ihr ins Gespräch. Er greift das naheliegende Bild vom Wasser auf, um über den seelischen und spirituellen Durst zu sprechen. Die Frau zeigt sich sehr interessiert. Sie stellt viele Fragen. Jesus hat offenbar ein Thema gewählt, das die Frau beschäftigt. Bevor Jesus mit ihr über den Glauben spricht, konfrontiert er sie überraschend mit einer Tatsache ihres Lebens: „Fünf Männer hast du gehabt und der, den du jetzt hast, ist nicht dein Mann" (Johannes 4,18). Erst danach setzt sich das Gespräch über spirituelle Themen fort.

Viele Ausleger deuten das heute so: Jesus macht die Frau auf ein spirituelles Hindernis aufmerksam. Sie sucht in der Liebe etwas, das dort nicht zu finden ist. Deshalb kommt ihre Suche bei Männern nicht zum Ziel. Erst wenn sie die Liebe von illusorischen Erwartungen befreit, kann sie weiterkommen: sowohl in der Liebe als auch in ihrer Gottesbeziehung.

Auf diesem Hintergrund können Sie sich einer spirituellen Aufgabe stellen, die zwar jeden Menschen betrifft, aber Sie vielleicht in besonderer Weise. Unterscheiden Sie emotionale Bedürfnisse, die in einer Paarbeziehung gestillt werden können, von existenziellen Bedürfnissen, die Sie an die Quellen des Glaubens führen!

Aber wie stillen wir nun unsere existenziellen Bedürfnisse? Darauf gibt Jesus eine rätselhafte Antwort: „Wer aber von dem Wasser trinken wird, das ich ihm gebe, den wird in Ewigkeit nicht dürsten, sondern das Wasser, das ich ihm geben werde, das wird in ihm eine Quelle des Wassers werden, das in das ewige Leben quillt" (Johannes 4,14). Für die Frau beginnt hier eine spirituelle Suche, die ihr Ziel kennt. Jesus verweist auf seine unsichtbare Gegenwart, die er seinen Schülern für die Zeit nach seiner Auferstehung versprochen hat.

Der jüdische Gelehrte Paulus hat es sich nach einer spektakulären Bekehrung (Apostelgeschichte 9) zur Lebensaufgabe gemacht, zu erklären, wie ein Leben mit Jesus aussehen kann, nachdem dieser gestorben und auferstanden ist. Mit verschiedenen Bildern erklärt er, wie Jesus im Inneren des Glaubenden gegenwärtig ist. Einmal schreibt Paulus: „Ich lebe, doch nun nicht ich, sondern Christus lebt in mir" (Galater 2,20). Ein anderes Mal formuliert er: „Denn die Liebe Gottes ist ausgegossen in unsre Herzen durch den Heiligen Geist, der uns gegeben ist" (Römer 5,5). Dieser Heilige Geist lasse im Menschen gute Früchte wachsen: „Die Frucht aber des Geistes ist Liebe, Freude, Friede, Geduld, Freundlichkeit, Güte, Treue, Sanftmut, Keuschheit" (Galater 5,22-23). Dieser Geist bete sogar im Glaubenden: „Desgleichen hilft auch der Geist unsrer Schwachheit auf. Denn wir wissen nicht, was wir beten sollen, wie sich's gebührt; sondern der Geist selbst vertritt uns mit unaussprechlichem Seufzen" (Römer 8,26).

Mit den begrenzten Möglichkeiten unserer Sprache versucht Paulus das zu beschreiben, von dem Jesus auch mit der Frau am Brunnen gesprochen hat. Hier liegt der Zweck jeder christlichen Glaubensgemeinschaft: einander zu helfen, aus dieser Quelle zu schöpfen und aus ihr heraus Leben zu gestalten. Für manche Menschen erübrigt sich dann sogar ihr Bedürfnis nach partnerschaftlicher Liebe. Sie wählen ein zölibatäres Leben, um ganz aus den Quellen des Glaubens zu schöpfen. Für andere entlastet es die Paarbeziehung, weil sie neben der Liebe als Quelle emotionaler Bedürfnisse auch eine Quelle für ihre spirituellen Bedürfnisse gefunden haben.

Der Stachel „Blenden" führt also in folgender Weise zu den Quellen des Glaubens: Partner finden in der bedingungslosen Liebe Gottes zu einer Selbstannahme, die Selbstdarstellung verzichtbar macht. Deren Partner schützen sich vor Selbstdarstellung, indem sie ihre tiefsten Sehnsüchte nicht mehr auf einen Menschen richten, sondern der erfüllenden Gegenwart Gottes in ihrem Inneren Raum geben.

RETTET
DIE
WELT
T.

Wenn Liebende Energie rauben

Oft hilft uns die Liebe, Probleme zu überwinden und ausgeglichener zu werden. Es ist schön, jemanden zu haben, an den wir uns anlehnen können. Es tut gut, nicht allein zu sein, wenn uns einmal die Härten des Lebens treffen. Aber wie stark will ich mich an den Partner anlehnen? Wann wird es dem andern zu viel? Und womit würde ich den andern überfordern?

Weil Liebende natürlich füreinander da sein wollen, ist der Stachel „Energie rauben“ nicht leicht zu erkennen. Doch wenn einer zu häufig Hilfe braucht, überfordert er den anderen. Er beansprucht mehr Aufmerksamkeit und Kraft, als es einer Liebesbeziehung guttut. Wie sich der Stachel „Energie rauben“ in einer Paarbeziehung zeigt, veranschaulichen die folgenden Beispiele.

Energie rauben, um zu funktionieren. „Denkst du wirklich, du solltest den Basar organisieren? Das ist doch total viel Arbeit. Ich finde, die Leute in unserer Gemeinde sind gerade ziemlich angespannt – vielleicht findet sich niemand, der dir hilft.“ Frieder reibt sich besorgt am Kinn.
„Stimmt. Aber Pfarrer Rauch hat mich so lieb gefragt und ich glaube, er erwartet das auch von mir. Ich habe ja nur eine halbe Stelle. Ich kann mir die Zeit einteilen und habe mich in letzter Zeit auch nicht so wahnsinnig engagiert“, antwortet Gabi.
„Dafür hast du im Sommer Anjas Hochzeit fast alleine geschmissen.

Erinnerst du dich nicht mehr, wie k.o. du warst? Wir haben über Wochen im Ausnahmezustand gelebt."

„Ja, da hast du mich so toll unterstützt", strahlt Gabi und schlingt ihre dünnen Arme um Frieder.

„Also ich weiß nicht", brummt der.

Frieder ist klar, dass sich Gabi mehr auflädt, als ihr guttut. Natürlich gibt es andere, die sogar noch mehr schaffen. Aber Menschen sind eben unterschiedlich. Gabi bekommt irgendwann Kopfschmerzen, schläft schlecht oder bricht in Tränen aus, wenn Frieder abends heimkommt. Dann ist es selbstverständlich, dass Frieder manches zurückstellt, um für Gabi da zu sein. Manchmal fragt sich Frieder, ob es nicht besser wäre, Gabi mit der Belastung alleinzulassen. Vielleicht würde sie dann lernen, wie viel sie sich zumuten kann und was sie lieber lässt.

Energie rauben aus Abhängigkeit. Friederike blickt Jakob ratlos an: „Soll ich meine Kollegin jetzt darauf ansprechen oder nicht?"

Jakob arbeitet in der Personalabteilung seiner Firma, es fällt ihm nicht schwer, Friederike zu beraten. Insgeheim denkt er sich aber: So etwas kommt im Job doch alle paar Wochen mal vor. Warum braucht Friederike hier überhaupt einen Rat?

Auch in anderen Fragen lehnt sich Friederike an Jakobs Urteil an. Wenn es ihm einmal zu viel wird, wirft er ihr vor: „Sei doch nicht so unselbstständig!"

Friederike wird schnell unsicher. Sie schafft es nicht, auch einmal etwas durchzuziehen, das Jakob nicht gut findet. Sie leidet selbst darunter, dass es so viel Einfluss auf sie hat, was Jakob denkt. Oft gibt es dann Streit. Friederike kämpft um Jakobs Unterstützung und wünscht sich, dass er auch gut findet, was sie macht. Oder Jakob soll sie eben überzeugen, dass es anders besser ist. „Ach, warum muss denn das Leben so kompliziert sein", seufzt Friederike in solchen Momenten.

Energie rauben, um emotional im Gleichgewicht zu bleiben. Wenn man Markus als hochsensibel bezeichnen würde, läge man damit bestimmt nicht falsch. Er kommt schnell aus dem inneren Gleichgewicht. Es geht ihm sehr nach, was er mit anderen Menschen erlebt. Entsprechend empfindsam reagiert er, wenn er Frustrationen,

Kränkungen oder Misserfolge erlebt. Auch Probleme, die sich nicht schnell aus der Welt schaffen lassen, setzen ihn unter Spannung.
An Beckis Seite kommt Markus trotzdem gut zurecht. Denn sie hat feine Antennen für seine Stimmung und kann ihn gut trösten, aufbauen, beruhigen und ablenken. Ob sie ihm ein leckeres Essen kocht, zu einer kleinen Unternehmung, zu Zärtlichkeiten oder Sex einlädt – Becki weiß, zu welchem Mittel sie greifen muss, um Markus aufzubauen. Dann ist er auch schnell wieder fröhlich und kann sehr charmant sein.
Gibt es etwas Schöneres, als gebraucht zu werden und den anderen glücklich zu machen? Es gab ein oder zwei Momente, da hat es Becki einen Stich versetzt, als sie beobachtet hat, wie souverän ein anderer Mann mit einer schwierigen Situation umgeht. Wie würde das Leben wohl an seiner Seite aussehen? Diesen Gedanken hat Becki schnell weggeschoben.

Energie rauben, um nicht leer auszugehen. Unsere Beziehung wäre perfekt, findet Viola, wenn wir auch noch tanzen gehen würden. Viola erinnert sich, dass sie das sogar beim Kennenlernen abgecheckt hat. „Warum nicht?“, hat Simon geantwortet. Viola ärgert sich, dass sie nicht gleich Nägel mit Köpfen gemacht hat. Heute sträubt sich Simon. Es gibt Momente, in denen Viola sogar die Ehe infrage stellt und in denen ihr das Leben unerfüllt und unvollständig vorkommt. „Lass uns doch einfach zwei- oder dreimal im Jahr tanzen gehen“, schlägt Simon vor. „Wir müssen das doch nicht gleich im großen Stil aufziehen.“ Aber Viola ist das zu wenig. Bei der letzten Hochzeit hat Simon zwar mit ihr getanzt, aber leidenschaftslos, nur ihr zuliebe. Das reicht Viola einfach nicht. Simon ist allmählich genervt, wenn Viola mit dem Thema Tanzen anfängt: „Meine Güte, in meinem Leben erfüllen sich auch nicht alle Wünsche. Damit muss man doch irgendwann einmal klarkommen.“ Damit bringt er Violas Dilemma auf den Punkt: Sie kann mit ihrem unerfüllten Wunsch nicht umgehen und verwickelt Simon immer neu in dieses Problem.

Die Beispiele zeigen, wie der Stachel „Energie rauben“ den anderen in die Verantwortung zieht. Mal überfordern sich Partner selbst, bringen sich aus dem Gleichgewicht und beanspruchen dadurch die Aufmerksamkeit des anderen. Mal suchen Partner in der Paarbeziehung mehr Unterstützung, als der andere leisten kann. Sie verwickeln den anderen in Probleme, die eigentlich niemand anders als sie selbst lösen können.

Der Schutzmechanismus dieses Kapitels mag unauffällig sein, ist aber genauso aktiv, wie es etwa die Schutzmechanismen der Selbstdarstellung oder Abwertung sind. Wenn Sie genau hinsehen, werden Sie die Hilfe suchenden Signale erkennen, die die Spitze dieses Stachels ausmachen. Sie treiben den anderen in die Verantwortung oder versetzen seinem Gewissen einen Stich, wenn er einmal nicht hilft.

Die Folge von Energie rauben

In den Beispielen sind schon einige Folgen sichtbar geworden, die auftreten, wenn einer den anderen zu sehr in die Verantwortung zieht. Das Beziehungsthema Verantwortung beeinflusst das Miteinander in unterschiedlicher Weise, je nachdem, zu welcher Stressreaktion betroffene Partner neigen.

Anpassung. Hier übernehmen Partner eine Helferrolle oder sogar eine Retterrolle. Sie stellen eigene Bedürfnisse und Aufgaben zurück, um ganz für den anderen da zu sein. Kurzfristig tut das der Beziehung gut, denn beide erleben den Einsatz als Ausdruck von Liebe. Probleme praktischer Art lassen sich dadurch tatsächlich lösen. Bei anderen Problemen erreicht ein Paar oft nur Scheinerfolge: Eine Ehefrau wurde zum Beispiel noch sehr von ihren Eltern bestimmt, bis es ihrem Mann zu viel wurde und er mit seinen Schwiegereltern Klartext sprach. Tatsächlich hielten sich die Schwiegereltern daraufhin zurück. Die anstehende Ablösung der Ehefrau von ihren Eltern wurde dadurch aber nur verschoben. Die gleichen Probleme tauchten an anderer Stelle wieder auf.

Wenn ein Partner zu viel Verantwortung übernimmt, entsteht darüber hinaus ein Gefälle in der Beziehung: Wer häufig Hilfe empfängt, gerät in eine immer kindlichere Rolle. Darunter leiden beide. Partner, die Unterstützung empfangen, fühlen sich bald entmündigt und klein gehalten. Die helfenden Partner fühlen sich zunehmend überfordert und reagieren genervt, wenn beim anderen Probleme auftreten.

Vermeidung. Manche Partner schotten sich von den Hilfe suchenden Signalen ab und wählen die Stressreaktion der Vermeidung. Sie grenzen sich entschlossen ab: „Das ist doch deine Sache." Sie entziehen ihr Mitgefühl, um nicht in die Verantwortung gezogen zu werden. Das hat Vorteile: Partner, die sich abgrenzen, geraten weder in eine Überforderung noch in eine ungute Helferrolle. Der andere fühlt sich aber oft alleingelassen oder zurückgewiesen, weil ihm damit auch jenes Maß an Mitgefühl fehlt, das sich jeder in seiner Liebesbeziehung wünscht.

Kampf. Die kämpferische Stressreaktion sucht einen dritten Weg. Sie will zwar keine Helferrolle annehmen, sich aber auch nicht aus der Verantwortung stehlen. Sie packt das Problem bei der Wurzel. Sie konfrontiert den Partner zum Beispiel dort, wo er sich mehr Aufgaben auflädt, als er bewältigen kann. Sie zeigt dem anderen auf, wo er sich zu wenig schützt. Sie fordert ihr Gegenüber auf, Dinge zu akzeptieren, die nun einmal so sind wie sie sind. Doch der andere erlebt die kämpferische Reaktion oft als Erziehungsversuch. Partner fühlen sich auch heillos überfordert damit, den eigenen Lebensstil oder gar die eigene Persönlichkeit zu ändern. Im Extremfall kommt es zu Entwicklungen, in denen ein Partner unter dem Druck immer hilfloser wirkt, woraufhin der andere die Konfrontation verstärkt.

Ob Partner auf den Stachel „Energie rauben" also mit Anpassung, Vermeidung oder Kampf reagieren, immer führt es zu Spannungen und Frust auf beiden Seiten. Besser stellen sich beide Partner den Lebensthemen, die hinter diesem Stachel stehen, und suchen eine Antwort, die beide weiterführt. Damit beschäftigen sich die beiden nächsten Abschnitte: Zunächst richten sich meine Ausführungen an den Partner, der sich und den anderen gelegentlich überfordert, dann an denjenigen, der ab und zu mit dem Stachel „Energie rauben" konfrontiert wird.

Selbstkorrektur: Nehmen Sie das Leben leichter

„Weniger ist mehr" – an diesen roten Faden kann ich alle Empfehlungen dieses Abschnitts knüpfen. Wenn Sie Ihren Partner aus der Verantwortung entlassen, werden Sie auf die Weise Unterstützung erfahren, die Sie wirklich brauchen. Sie lernen, wie Sie sich etwas weniger fordern und wie Sie sich besser schützen. Dadurch werden Sie nicht verlieren, sondern im Gegenteil an Lebensfreude und Selbstzufriedenheit gewinnen. Dadurch können Sie noch besser für Ihren Partner da sein. Vereinfachen, Ballast abwerfen, freier und unabhängiger werden – zu diesen Lebensaufgaben führt Sie Ihr Stachel „Energie rauben".

Werfen Sie Ballast ab

Machen Sie Leichtigkeit zu einem Lebensziel. Manches ist schwer, keine Frage: wenn Sie kleine Kinder haben, durch eine Krankheit gehen oder für hilfsbedürftige Eltern sorgen. Aber selbst in solchen Ausnahmesituationen kann man es sich leicht oder schwer machen. Manche Menschen haben das Gefühl „schwer" sei gut und „leicht" sei schon verdächtig, als ob man es sich dadurch zu einfach mache oder nicht genug Verantwortung übernehme. Aber meist hat niemand etwas davon, wenn Sie sich Ihr Leben zu schwer machen. Denn Leichtigkeit bedeutet auch Lebensfreude, innere Lebendigkeit, Kreativität. Sie verschafft Ihnen auch einen besseren Zugang zu Ihrem tieferen Wissen, was wirklich wichtig ist und was nicht. Im Zustand der Leichtigkeit fühlen Sie sich nicht nur wohler, sondern können auch aufmerksamer und intensiver lieben.

Wenn sich Menschen herunterziehen lassen, geht es meist um ganz ähnliche Dinge und für alle lassen sich Erleichterungen finden.

Zu viele Aufgaben und Verpflichtungen. Sagen Sie Nein. Ertragen Sie lieber einmal ein schlechtes Gewissen oder den enttäuschten Blick eines andern, als sich mehr Verantwortung auf Ihre Schultern zu laden, als Sie tragen können.

Nähe zu negativen, überstrengen, abwertenden, dominanten, aggressiven oder sehr zwiespältigen Menschen. Beenden Sie den Kontakt zu solchen Menschen, wo immer es möglich ist. Ansonsten schränken Sie den Kontakt ein – auf eine distanzierte Freundlichkeit oder die notwendige Zusammenarbeit. „Aber wer kümmert sich denn dann um diese Menschen?", wird Ihr Gewissen vielleicht fragen. Die entlastende Antwort lautet: andere, die belastbarer sind als Sie; andere, die das nicht alleine tun, sondern die Möglichkeiten einer Vereinsgemeinschaft oder einer Kirchengemeinde zur Verfügung haben; andere, die dafür ausgebildet sind und ihre Arbeitszeit dafür einsetzen können, wie z. B. Sozialpädagogen, psychiatrisches Fachpersonal oder Psychotherapeuten. Vielleicht liegt es Ihnen ja einmal auf dem Herzen, auch für eine Person da zu sein, die etwas schwieriger ist. Dann können Sie feststellen, dass es unterschiedlich schwierige Menschen gibt. Mit einigen kommen Sie gut zurecht, andere würden Sie heillos überfordern. Seien Sie dann lieber für einen Menschen da, mit dessen Schwächen Sie gut umgehen können.

Perfektionismus und Anspruchsdenken. „Man muss doch ..." – wenn dieser Satz Ihr Denken und Handeln bestimmt, dann halten Sie dagegen: „Nichts muss ich." Leben Sie ruhig ein wenig unter Ihren Möglichkeiten. Das entspannt, schafft Freiräume und Pufferzonen. Halten Sie Ihr Zuhause in einer schlichten Schönheit, die man mit wenigen Mitteln erreichen kann. Sie zeigen damit Ihren guten Geschmack und nicht Ihr hohes Einkommen. Kaufen Sie sich technische und elektronische Produkte nur, wenn es nicht zu vermeiden ist. Lassen Sie sich nicht in komplizierte Diät- und Ernährungsprogramme verwickeln: Steigern Sie den Anteil an frischem Gemüse in Ihren Mahlzeiten, halten Sie mit Genussmitteln Maß und suchen Sie sich eine Bewegung, die Ihnen Freude macht. Damit haben Sie bereits den größten Teil seriöser Gesundheitsempfehlungen beherzigt. Ein einfacher Lebensstil macht Sie auch finanziell unabhängiger und erlaubt Ihnen, wenn nötig, Ihre Arbeitszeit zu reduzieren oder vielleicht einmal eine berufliche Veränderung vorzunehmen, die zwar weniger gut bezahlt wird, Sie dafür aber nicht mehr auslaugt.

Kindererziehung. Wenn Sie Kinder haben: Muten Sie ihnen ruhig einmal Langeweile zu, denn das macht eigenverantwortlich und kreativ. Beschränken Sie sich auf möglichst wenige Regeln, setzen Sie diese aber mit der nötigen Ausdauer durch. Wählen Sie Spiele und Ausflüge, die auch Ihnen Freude machen. Versuchen Sie nicht, Ihre Kinder von allen Härten des Lebens abzuschirmen. Denn das ist einerseits gar nicht möglich und Sie würden der Entwicklung Ihrer Kinder auch etwas vorenthalten. Erfüllen Sie Ihren Kindern nicht allzu viele materielle

Wünsche oder Wünsche nach besonderen Vergnügungen. Schaffen Sie lieber Situationen, in denen Sie gemeinsam lachen, spielen, entspannen und gut miteinander reden können. Die meisten Eltern kommen einmal in eine Situation, in der ihnen eine Erziehungsberatung guttun würde. Nehmen Sie diese ruhig in Anspruch. Heute gibt es viele qualifizierte Beratungsangebote, die zum Teil sogar umsonst oder gegen einen geringen Beitrag erhältlich sind.

Negative Informationen. Müssen Sie wirklich über alles Bescheid wissen? Auch über Zwangsprostitution, Naturkatastrophen, bedenkliche Entwicklungen in unserer Umwelt, die Geschehnisse in den Kriegs-, Seuchen- und Hungergebieten dieser Welt? Keiner verpflichtet Sie, im Detail informiert zu sein. Schon ein oberflächliches Wissen reicht, um die Probleme dieser Welt ernst und an ihnen Anteil zu nehmen. Verzichten Sie auf die schlimmen Bilder im Fernsehen. Wenn Sie Zeitung lesen, dann wählen Sie eine Qualitätszeitung mit einer zuversichtlichen Berichterstattung und nicht eine, die mit Angstmache Aufmerksamkeit weckt. Aber auch in unserer persönlichen Kommunikation werden wir leicht mit negativen Informationen überflutet, wenn wir uns nicht schützen. Meiden Sie Menschen, die detailreich über Krankheiten oder die schlimmen Schicksale anderer berichten. Unterbrechen Sie ruhig einmal jemanden, wenn Informationen zu belastend werden. Sie werden staunen, wie befreit und dankbar Ihre Seele reagiert, wenn Sie den Zustrom an negativen Informationen selbst regulieren.

Mehr als Sie bisher gedacht haben, treffen Sie täglich Entscheidungen, die beeinflussen, ob Ihr Leben leichter oder schwerer wird. Wenn Sie weiteren Ballast abwerfen wollen, müssen Sie die Aufmerksamkeit nach innen lenken.

Nabeln Sie sich ab

Wenn ich als Therapeut jemandem geholfen habe, den Stachel „Energie rauben“ zu überwinden, dann ging es meist auch um eine Ablösung von den Eltern. Problematische Begegnungen mit Ihren Eltern können Ihr inneres Gleichgewicht durcheinanderbringen. Sie belasten Ihr Selbstwertgefühl. Sie verunsichern Sie in Ihren Entscheidungen und der Gestaltung Ihres Lebens. Eine unvollständige innere Ablösung von den Eltern hat aber eine Folge, die noch schwerer wiegt: Sie bleiben innerlich immer noch ein wenig das kleine Mädchen oder der kleine Junge von früher. Ganz gleich, mit welchen Menschen Sie in Beziehung treten, es geschieht leicht, dass Sie sich wie ein Mädchen oder wie ein Junge fühlen und eine andere Person wie eine mütterliche oder väterliche Autorität wirkt. Dann fühlen Sie sich schutzbedürftig, auf Bestätigung angewiesen oder sind leichter zu verunsichern, als es Ihrer heutigen, erwachsenen Persönlichkeit angemessen wäre.

Deshalb lohnt es sich für Sie vielleicht, sich einmal den folgenden Fragen zu stellen:

- Wenn meine Eltern Dinge anders sehen als ich, verunsichert mich das?
- Wenn meine Eltern ein falsches Bild von mir haben, kann ich das gelassen sehen, oder habe ich einen starken Wunsch, dieses Bild zu korrigieren?
- Kann ich zu den Wünschen meiner Eltern auch einmal Nein sagen, ohne aus dem inneren Gleichgewicht zu geraten?
- Suche ich bei meinen Eltern vielleicht noch etwas, was ich früher nicht ausreichend bekommen habe, zum Beispiel Verständnis, Lob, Anerkennung, Zeit, Zuwendung oder Großzügigkeit?
- Kann ich mich vor den Schwächen meiner Eltern schützen, indem ich mich abgrenze oder dort etwas mehr Abstand einnehme, wo mir meine Eltern etwas Unangenehmes zumuten?

Vielleicht bemerken Sie bei der Beantwortung dieser Fragen, dass Ihre Ablösung von den Eltern noch nicht abgeschlossen ist. Dann können Sie sich auf folgende Weise abnabeln:

Suchen Sie, was Sie als Kind nicht bekommen haben, nicht bei den Eltern, sondern in anderen Beziehungen. Vieles lässt sich heute nachholen, aber nicht alles. Betrauern Sie ruhig, was Ihnen als Kind gefehlt hat. Wenn Sie diesem Schmerz ab und zu Raum geben, dann heilt die alte Wunde bald. Sie werden freier und können den Wunsch loslassen, einen Mangel von früher zu stillen.

Machen Sie sich von der Meinung und dem Urteil Ihrer Eltern unabhängig, indem Sie folgende Haltung einnehmen: „Es ist in Ordnung, wenn ihr anderer Meinung seid. Euch hat eine andere Zeit geprägt, ihr seid andere Persönlichkeiten als ich. Ich darf aber auch offen zu meinen Sichtweisen und Entscheidungen stehen. Ich muss euch nicht überzeugen, die Dinge so zu sehen wie ich. Wenn ihr mich aber für meine Sichtweise oder meine Entscheidungen angreift, dann muss ich auf Abstand gehen."

Wenn Sie sich mit dem Verhalten Ihrer Eltern nicht wohlfühlen, sprechen Sie es taktvoll an. Wenn Ihre Eltern darauf eingehen, wird die Beziehung schöner. Auch Ihre Eltern sind natürlich gereift und nicht mehr dieselben, die sie früher waren, als Sie noch ein Kind waren. Deshalb kann die Beziehung in manchem heute sogar besser gelingen als früher. Wo Ihre Eltern aber heute noch auf ungutem Verhalten bestehen, lassen Sie nur noch so viel Kontakt zu, wie es gut für Sie ist. Wählen Sie sorgfältig aus, wo Sie ihren Eltern begegnen und was Sie miteinander unternehmen. Ein gesunder Abstand kann manchmal mehr Respekt ausdrücken, als sich zum Opfer seiner Eltern zu machen und dann verletzt oder voller Groll zu sein.

Wenn Ihre Eltern bereits verstorben sind, dann finden die beschriebenen Begegnungen auf der inneren Bühne statt. Manchmal hören Sie eine innere Stimme, die sehr nach dem klingt, was Ihre Eltern gesagt haben, oder was diese sagen würden, wenn sie noch lebten. Dann nehmen Sie Ihren verinnerlichten Eltern gegenüber die empfohlenen Haltungen ein und schließen auf diese Weise Ihre innere Ablösung ab. Manchmal nimmt eine Schwester oder ein Bruder nach dem Tod der Eltern deren Rolle ein. Dann können die beschriebenen Ablösungsschritte auch gegenüber einer Schwester oder einem Bruder notwendig werden.

Je mehr Sie in der inneren Ablösung von Ihren Eltern voranschreiten, desto mehr positive Folgen werden Sie entdecken. Sie werden sich von Ihrer Partnerin / Ihrem Partner nur noch dann etwas Mütterlichkeit oder Väterlichkeit schenken lassen, wenn Sie das wirklich wollen. Sie werden leichter zu Ihrer Persönlichkeit, zu Ihren Vorlieben und Entscheidungen stehen können. Sie werden sich auch leichter vor anderen Menschen schützen können, insbesondere vor Autoritätspersonen. All das wird nicht nur Ihr Leben, sondern auch Ihre Liebe leichter machen.

Dichten Sie Ihren emotionalen Tank ab

Kennen Sie folgende Erfahrungen? Jemand lobt Sie, aber das Lob geht Ihnen nicht zu Herzen, weil Sie sich selbst kritisch sehen. Sie haben einen Erfolg erreicht, aber so richtig stolz sind Sie darüber nicht, weil Sie schon an die nächste Herausforderung denken. Sie haben von einem lieben Menschen schon viele Zeichen der Sympathie erhalten, aber eine kleine Unstimmigkeit verunsichert Sie so, dass Sie denken, der andere mag Sie nicht mehr. Wenn Sie solche Erfahrungen kennen, dann gehören Sie zu den Menschen, deren emotionaler Tank ein Leck hat. Sie können positive Erlebnisse nicht vollständig in sich aufnehmen, ein Teil davon geht Ihnen wieder verloren. Mit dieser emotionalen Prägung sind Sie nicht allein, vielen anderen geht es genauso.

Wie sich Löcher im emotionalen Tank auf die Partnerschaft auswirken, liegt auf der Hand: Ihr Partner fühlt sich viel häufiger und stärker in der Verantwortung, Ihren emotionalen Tank zu füllen. Daher finden Sie in diesem Abschnitt eine Anleitung, wie Sie Ihren emotionalen Tank abdichten können.

Erkennen Sie negative innere Stimmen. Es sind vor allem kritische, fordernde und verunsichernde innere Stimmen, die Löcher in Ihren emotionalen Tank reißen. Wenn Sie einmal darauf achten, dann bemerken Sie diese Stimmen sicher bald:

- „Das ist doch nichts Besonderes."
- „Das hättest du noch besser machen können."
- „Das hätte dir nicht passieren dürfen."
- „Du gehst dem anderen bestimmt auf die Nerven."
- „Vielleicht hast du etwas falsch gemacht, ohne es zu bemerken."
- „Das sagt sie nur zu dir, weil sie höflich ist."

Weil sie Ihnen so vertraut sind, fühlen sich solche Sätze möglicherweise sehr wahr und richtig an. Aber würden Sie so etwas zu einer guten Freundin oder einem Freund sagen? Sicher nicht. Deshalb dürfen Sie negativen Stimmen selbstbewusst widersprechen:

- „Nein, das war wirklich eine gute Leistung."
- „Ich kann mir sicher sein, dass mich diese Person mag, selbst

wenn sich einmal eine Schwäche von mir zeigt oder wenn ich einen Fehler mache."

Indem Sie die inneren Stimmen korrigieren, schließen Sie allmählich die Löcher in Ihrem emotionalen Tank. Sie werden Lob, Erfolge und Zeichen der Liebe besser in sich aufnehmen und dadurch glücklicher und selbstbewusster sein.

Lernen Sie, sich zu beruhigen. Manche Situationen sind einfach überwältigend und reißen Ihre Gefühle mit. Schön, wenn einem der Partner dann Halt gibt. Vielleicht ist Ihr Partner aber gerade nicht verfügbar oder es wäre gerade nicht gut, sie oder ihn in die Pflicht zu nehmen. Dann schulen Sie besser Ihre Fähigkeit zur Selbstberuhigung.

Manchmal hilft es schon sehr, wenn Sie sich von dem Auslöser unangenehmer Gefühle distanzieren. Wenn es eine E-Mail war, dann schalten Sie Ihren Computer erst mal aus und wenden sich einer anderen Aufgabe zu. Auch wenn Sie an einer schwierigen Aufgabe schier verzweifeln, lassen Sie diese erst mal für eine Weile liegen. Und wenn Ihr Partner einmal Auslöser für negative Gefühle ist, ziehen Sie sich ruhig eine Weile zurück (und sagen vielleicht, dass Sie gerne darauf zurückkommen werden).

Unangenehme Erlebnisse verfolgen Sie natürlich auch noch in Ihren Gedanken. Dann versuchen Sie es doch einmal mit der Gedanken-Stopp-Technik: Notieren Sie kurz auf einem Blatt Papier, was Sie belastet. Dann legen Sie die Aufzeichnung weg und sagen energisch – laut oder in Gedanken – „Stopp!". Dann lenken Sie sich mit etwas ab, das Ihre Aufmerksamkeit intensiv beansprucht: Telefonieren, Haus- oder Gartenarbeit, Einkaufen oder E-Mails Beantworten. Auf diese Weise lernen Sie, Ihre Gefühle zu regulieren. Sie können sich einem Problem oder einer unangenehmen Situation dann wieder zuwenden, wenn Sie Ihr inneres Gleichgewicht gefunden haben.

Starke Gefühle können Sie außerdem gut abbauen mit allem, was Ihre Sinne anspricht: mit Musik, einem fesselnden Film, einer heißen Dusche oder Sport. Jede Bewegung baut zudem die körperliche Erregung ab, die mit starken Gefühlen verbunden ist. Wenn Sie die ersten Wellen einer Emotion überstanden haben, werden Sie gelassener und zuversichtlicher reagieren. Bei all diesen Empfehlungen habe ich natürlich im Blick, dass es Ihren Partner entlastet, wenn Sie Ihre Gefühle selbst beruhigen können. Ihr emotionaler Tank schwappt dann nicht so leicht auf den anderen über. Dann kommen Sie auch mit einem Maß an Mitgefühl und Unterstützung aus, das die Möglichkeiten Ihres Partners nicht überfordert.

Solange Sie auf diese Weise an Ihrem Stachel „Energie rauben" arbeiten, kann Ihr Partner lernen, wie er diesem auf liebevolle Weise ausweicht.

Ermöglichen Sie Ihrem Partner Wachstum

Manchmal zieht ein Partner eine tragische Bilanz: „Du hast mir immer so vieles abgenommen. Du hast so viele Entscheidungen getroffen. So oft habe ich mich an dich angelehnt, anstatt mir selbst etwas zuzutrauen. Das hat mich klein gemacht. Bevor wir zusammen waren, war ich viel selbstständiger."

Der andere versteht dann die Welt nicht mehr und fühlt sich auch falsch verstanden: „Aber das habe ich doch nur dir zuliebe gemacht. Ich selbst wollte gar nicht so viel Verantwortung übernehmen. Mir war das oft eine Last und ganz bestimmt kein Bedürfnis!"

Die Beziehungsgeschichte eines solchen Paares enthält eine wichtige Lehre: Wo Sie zu viel Verantwortung übernehmen, da untergraben Sie womöglich das Wachstum und die Unabhängigkeit Ihres Partners. In den folgenden Abschnitten entdecken Sie, wie Sie das Wachstum Ihres Partners auf eine zurückhaltende Weise fördern können.

Seien Sie präsent

Präsenz meint eine seelische Anwesenheit, die aufmerksam und zugewandt ist. Im Idealfall sind Eltern ihren Kindern gegenüber präsent: Wenn ein Kind zum Beispiel laufen lernt, halten sich Eltern im Hintergrund und doch sind sie mit ihrer ganzen Aufmerksamkeit und Freude dabei, bereit, eine kleine Unterstützung zu schenken, wenn es nötig ist. Auch gute Trainer und Lehrer haben diese zurückhaltende Präsenz. Ihre Gegenwart schenkt einerseits ein Gefühl von Zutrauen, weil sie ihre Schützlinge begleiten und unterstützen. Andererseits wissen sie: Die entscheidenden Entwicklungsschritte müssen junge Menschen selbst gehen. Im entscheidenden Moment des Wettkampfs, der Prüfung oder eines musikalischen Vorspiels ist jeder auf sich allein gestellt.

Diese Präsenz, das Vermögen zugleich ganz da zu sein und sich dennoch zurückzuhalten, ist wohl das Beste, was Sie Ihrer Partnerin oder Ihrem Partner schenken können, wenn Sie gelegentlich mit dem Stachel „Energie rauben" konfrontiert sind. Der Gedanke der Präsenz kann Ihnen zu folgender Leitlinie werden: „Wende dich deinem Partner mit deiner ganzen Aufmerksamkeit zu. Empfinde Mitgefühl, Wertschätzung und Verständnis. Wäge aber ab, ob du dich in einer Situation besser liebevoll zurückhältst oder ein Zeichen von Trost, Ermutigung, Lob, Zuneigung oder Unterstützung schenkst. In alledem musst du dich nicht für die Gefühle und Probleme des anderen verantwortlich fühlen. Indem du da bist, mitfühlst und ein normales Maß an Liebe und Unterstützung schenkst, wirst du deiner Verantwortung als Partner voll gerecht."

Häufig begegnen mir Paare in einer Situation wie der folgenden:

Martina nimmt sich in ihrem Job, im Haushalt und in der Kindererziehung oft zu viel vor. Wenn Gregor abends nach Hause kommt, hat Martina schon einige Tiefpunkte durchschritten. Weil ihn Martinas Gefühlsschwankungen hilflos machen, hört Gregor abends oft gar nicht mehr richtig zu. Noch während Martina sich mitteilt, erledigt er etwas anderes oder wendet sich mit halber Aufmerksamkeit den Kindern zu. Eigentlich ist Gregor ein guter Zuhörer. Aber wenn er genauer hinhört, fühlt er sich zu sehr für Martina verantwortlich. Deshalb wendet er sich lieber ab.

Präsenz würde hier bedeuten, mit der ganzen Aufmerksamkeit da zu sein und sich zugleich liebevoll zurückzuhalten. Natürlich wird Gregor den Drang verspüren, zu helfen, einen Rat zu geben oder Martinas Gefühle zu beruhigen. Doch dieser Drang verschwindet wieder, wenn Gregor ihn nur registriert, sich dann aber für eine zurückhaltende Präsenz entscheidet.

Dabei macht Gregor eine erstaunliche Beobachtung:

Martina schöpft allein aus seinem Dasein Kraft und ist später wieder gut gelaunt. Sie leistet trotz ihrer Erschöpfung noch einiges an diesem Abend und kann sich ihm auch noch liebevoll zuwenden. All das hat Gregor früher verpasst, weil er zunächst eine Helferrolle übernommen hat und sich später innerlich abgewendet hat.

Präsenz löst keine Probleme. Aber sie schenkt Ihrem Partner die besten Bedingungen, um zu wachsen, stark zu werden und sich selbst den Herausforderungen des Lebens zu stellen. In diesem Abschnitt hat sich schon eine Zurückhaltung angedeutet, die für den Umgang mit dem Stachel „Energie rauben“ besonders wichtig ist.

Halten Sie sich zurück

Den wunden Punkt, der hinter dem Stachel „Energie rauben“ liegt, kann man auf unterschiedliche Weise beschreiben. Bislang haben wir festgestellt, dass der wunde Punkt in einer Neigung zur Selbstüberforderung besteht und in einer mangelnden Fähigkeit, sich selbst zu schützen. Man kann ihn aber noch von einer anderen Seite betrachten, die Ihnen neue Einsichten eröffnet.

Ihr Partner neigt vermutlich stärker als andere zu einer seelischen Reaktion, die in der Fachsprache *Regression* heißt: ein Abrutschen auf eine kindliche Ebene der Wahrnehmung, des Denkens und Fühlens. Unter starkem Stress passiert das allen Menschen, bei manchen wird dieser Mechanismus allerdings leichter und häufiger ausgelöst. Partner wirken dann hilflos und unterstützungsbedürftig. Das kann an einer angeborenen Empfindsamkeit des Nervensystems liegen, die zu stärkeren Gefühlsschwankungen führt. Es kann aber auch an einer Erziehung liegen, die Kindern das Gefühl gibt, klein und auf Hilfe angewiesen zu sein.

Im nächsten Abschnitt werde ich zeigen, dass es auch positive Seiten hat, wenn sich Ihr Partner auf eine kindliche Ebene begeben kann. Hier beschäftigen wir uns aber erst einmal mit den Herausforderungen, die sich für Sie als Partner stellen. Denn wenn der andere kindlich bedürftig oder sogar hilflos wirkt, was liegt näher, als dann eine Elternrolle einzunehmen?

Manche Paare geraten dadurch immer wieder in ein verhängnisvolles Zusammenspiel.

- Eine Frau hat Ärger mit ihrer Freundin. Sie berichtet das ihrem Mann und wirkt dabei hilflos. Ihr Mann ruft die Freundin an, um ein paar klare Worte mit ihr zu sprechen.
- Ein Mann kämpft mit seinem Gewicht und versteht nicht, warum die Waage trotz aller Abnehmversuche immer mehr Kilos anzeigt. Die Ehefrau greift ein. Sie stellt leichte Mahlzeiten für das Büro zusammen und entfernt das Knabberzeug zu Hause. Sie stellt sich am Abend zwischen ihren Mann und den Kühlschrank: „Nein, mein Schatz. Das war doch jetzt ein leckeres Abendessen. Das genügt für heute." Sie schimpft, wenn sie ihren Mann spät abends erwischt, wie er doch noch ein Eis isst. Auch der Einsatz der Ehefrau wird nicht von der Waage honoriert.

So verständlich ihre Reaktion ist: Die helfenden Partner haben den anderen wie ein Kind behandelt. Das löst weder das Problem, noch tut es der Beziehung gut. Außerdem behindert es das Wachstum des Partners, wenn einer für den anderen eine Elternrolle übernimmt. Denn wir alle kommen ja einmal in Situationen, in denen uns eine Herausforderung mehr abverlangt, als wir bisher bewältigen können. Wenn uns dann jemand das Problem abnimmt, geht eine wichtige Entwicklungsmöglichkeit verloren.

Hier ist Ihre Zurückhaltung gefragt: Versuchen Sie nicht, das Problem für den anderen zu lösen. Versuchen Sie auch nicht, dem anderen zu sagen, wie sie oder er das Problem lösen soll. (Es sei denn, es geht um eine hilfreiche Information wie etwa bei einem Computerproblem.) Es genügt, wenn Sie Rückhalt schenken, etwa durch verständnisvolle Worte, einen liebevollen Blick oder durch eine aufmunternde Berührung. Sie können auch fragen, was Sie für den andern tun können. Denn sobald der andere wieder selbst entscheidet, was zu tun ist, ist er bereits wieder auf der erwachsenen Ebene. Kein Partner wird sagen: „Ruf du bei meiner Freundin an." Oder: „Kontrolliere bitte, dass ich abends nicht an den Kühlschrank gehe." Sie hören dann eher eine Antwort wie diese: „Dass ich mich bei dir mal aussprechen kann, ist mir schon eine große Unterstützung." Oder: „Erinnere mich doch ab und zu, dass ich wieder mit dem Laufen beginnen will."

Manchmal ist es gerade Ihre Zurückhaltung, die Ihrem Partner hilft, wieder auf eine erwachsene Ebene zu finden. Zu anderen Zeiten kann es Sie sogar bereichern, Ihrem Partner auf die kindliche Ebene zu folgen.

Befreien Sie das Kind in sich

Vernünftig sein ist nicht das ganze Leben. Wir brauchen auch den Gegensatz, um uns lebendig zu fühlen: Wir tanken auf, wenn wir einmal spontan sind, wenn wir herumalbern und etwas Sinnloses machen, ganz einfach, weil es Spaß macht. Es entspannt, wenn wir einmal unsere Gefühle herauslassen, ohne uns vorher viele Gedanken zu machen. In solchen unbeschwerten Momenten lassen wir gewissermaßen dem kleinen Mädchen oder dem kleinen Jungen in uns freien Lauf. Vermutlich kann das Ihr Partner viel besser als Sie und Sie können hier noch eine Menge lernen.

Aber auch in den ernsten Momenten des Lebens können Sie ruhig einmal dem Kind in sich den Vortritt lassen. Wie das gelingt, zeigt das folgende Beispiel.

Sie: „Mensch, ich weiß nicht, ob ich Anne darauf ansprechen soll. Wenn ich es schlucke, dann ärgere ich mich, aber vielleicht wird es dann ganz kompliziert, wenn ich daraus ein zu großes Ding mache."

Hier kann ein Partner natürlich leicht zum Pol der Verantwortung gehen:

Er (geht in die Beraterrolle): „Mach doch einfach mal einen Test. Sprich es vorsichtig an. Wenn Anna dafür offen ist, dann erzähl ihr noch mehr, wenn nicht, dann kannst du ja wieder das Thema wechseln."

Man kann aber auch aus den eigenen Gefühlen heraus antworten, im Bild gesprochen, den kleinen Jungen in sich sprechen lassen. Dann hört sich die Antwort ganz anders an.

Er: „Ich werde in solchen Situationen oft wütend. Ich würde den anderen am liebsten ohrfeigen. Ich habe dann schon oft mehr gesagt, als eigentlich gut war."

Dadurch erhält die Partnerin zwar keine Entscheidungshilfe, aber trotzdem eine authentische Antwort.

Zeigen Sie sich ruhig auch einmal schwach und mit Ihrer kindlichen Seite. Das könnten Sie zum Beispiel mit folgenden Sätzen tun.

- „Gerade weiß ich hier nicht weiter."
- „Ich brauche jetzt mal eine Umarmung von dir. Ich bin noch ganz aufgewühlt."
- „Irgendwie zweifle ich gerade an mir."

Dadurch schenken Sie Ihrer Partnerin oder Ihrem Partner die Gelegenheit, auch Ihnen gegenüber einmal fürsorglich und verantwortlich zu sein.

Vielleicht haben Sie in diesem Kapitel einen Abschnitt vermisst, den ich in allen anderen Kapiteln aufgenommen habe: Entdecken Sie das Kind im anderen. Doch diese Sichtweise würde Sie genau in jener Verantwortlichkeit stärken, von der Sie dieses Kapitel befreien will. Deshalb habe ich den lebensgeschichtlichen Hintergrund dieses Stachels hier nur angedeutet.

Hinter dem Stachel „Energie rauben" steht die Sehnsucht, eine Hilfe zu empfangen, wie sie eine gute Mutter oder ein guter Vater geben würde. Psychologische Empfehlungen ermutigen den einen, selbst in einer guten Weise für sich zu sorgen, und entlasten den anderen von der Überforderung einer Helferrolle. Spirituelle Zugänge führen zu einer befreienden Öffnung der Zweisamkeit.

Aus den Quellen des Glaubens schöpfen

Ob mit 20, 30 oder 40 Jahren: Irgendwann bemerken wir, dass wir eigentlich nie richtig erwachsen werden. Jedenfalls nicht so, wie wir es uns als Kind vorgestellt haben. In Grenzsituationen des Lebens plagen uns Angst und Unsicherheit. In manchen Momenten würden wir gerne das Steuerruder unseres Lebens an jemand anderen übergeben, der besser weiß, wie wir ans Ziel kommen. Wir spüren, dass unser Selbstwertgefühl, unser Gewissen und unsere emotionalen Bedürfnisse eigentlich mehr Zuwendung brauchen, als es uns das Leben geben kann, das wir aufgebaut haben.

Das führt zu einer existenziellen Frage: Wohin richten wir die Sehnsucht, die wir in manchen Momenten des Lebens spüren, nämlich dass uns jemand beschützt und sagt, wo es langgeht. Manche philosophischen Ansätze, zum Beispiel der Existenzialismus, würden sagen: „In deiner Sehnsucht steckt eine Weigerung, erwachsen zu werden. Stelle dich deinem existenziellen Alleinsein, der Verzweiflung und Absurdität des Lebens. Im Mut, das zu ertragen und dennoch zu leben, findest du deine wahre Größe und ein paradoxes Glück."[3]

Wenn wir den christlichen Glauben auf seine Antwort hin befragen, stoßen wir auf das Konzept der „Gotteskindschaft". Auch der erwachsene Glaubende kann sich einem „Vater im Himmel" anvertrauen. Dass eine solche Gotteskindschaft keine infantilen Ansichten und Verhaltensweisen fördert, muss sich in der Glaubenspraxis erweisen. Diesem wichtigen Inhalt des christlichen Glaubens widmen sich die folgenden Abschnitte. Wer sich gelegentlich selbst überfordert, entdeckt die Bedeutung einer Gotteskindschaft. Partner, die zu viel Verantwortung für den anderen übernehmen, treten einen Schritt zurück und überlassen Gott die existenzielle Verantwortung für den anderen.

Entdecken Sie Ihre Gotteskindschaft

Indem Jesus Gott als Vater vermittelt hat, hat er kaum weniger als eine Revolution des Glaubens angestoßen. Das gab es in der früheren Religionsgeschichte nicht und hat sich auch in später entstandenen Religionen nicht wiederholt.

Heute, nach langen Kämpfen um die Gleichberechtigung der Frau, klingt die Rede vom „Vater im Himmel" allerdings unvollständig, in manchen Ohren sogar patriarchalisch. Das ging den Menschen zur Zeit Jesu natürlich nicht so. Wir können aber sehen, dass das Gottesbild, das Jesus vermittelt, durchaus auch mütterliche Züge trägt.

Wo Jesus Gott als Vater beschreibt, spricht er von einer selbstverständlichen Großzügigkeit, wie sie Eltern ihren Kindern gegenüber zeigen: „Wer ist unter euch Menschen, der seinem Sohn, wenn er ihn bittet um Brot, einen Stein biete? Oder, wenn er ihn bittet um einen Fisch, eine Schlange biete? Wenn nun ihr, die ihr doch böse seid, dennoch euren Kindern gute Gaben geben könnt, wie viel mehr wird euer Vater im Himmel Gutes geben denen, die ihn bitten!" (Matthäus 7,9-11).

3 Z. B. Albert Camus (2000): Der Mythos des Sisyphos, deutsch von Vincent von Wroblewsky. Rowohlt, Reinbek.

Auf dieser Grundlage ermutigt Jesus seine Schüler, diesen Vater im Himmel um alles Notwendige zu bitten, und verspricht sogar die Erfüllung dieser Bitten: „Bittet, so wird euch gegeben; suchet, so werdet ihr finden; klopfet an, so wird euch aufgetan" (Matthäus 7,7). Jesus vergleicht den himmlischen Vater mit einem Hirten, der 99 Schafe zurücklässt, um sich auf die Suche nach einem Schaf zu machen, das verloren gegangen ist (Matthäus 18,12-14). Er vergleicht Gott auch mit einem Vater, dessen Sohn sich moralisch verfehlt hat und der trotzdem mit großer Freude wieder zu Hause aufgenommen wird (Lukas 15).

Dieses väterliche Gottesbild malt Jesus noch durch etliche Reden und Bilder aus. Es beinhaltet aber auch strenge und herausfordernde Züge. Sein Vater im Himmel zeigt dem Menschen auch Prioritäten auf, die für ein gelingendes Leben notwendig sind, und setzt den Wünschen und Trieben des Menschen auch Grenzen. Eine hohe Priorität hat Jesus zum Beispiel dem Vaterunser eingeprägt, nämlich die dringende Aufforderung, anderen Menschen genauso zu vergeben, wie auch Gott Vergebung schenkt (Matthäus 6,12).

Beziehen wir diese Gotteskindschaft des Glaubenden auf die existenzielle Frage unseres Kapitels, dann entdecken wir: Die „kindlichen" Bedürfnisse, die auch kein Erwachsener abschütteln kann, werden in einer Vater-Kind-Beziehung zu Gott gestillt: wo Glaubende von Gott erbitten, was ihnen fehlt; wo sie sich verirren und Gott Auswege zeigt; wo sie verwundbar sind und Gottes Schutz aufsuchen; wo sie sich selbst anklagen und Gottes Vergebung sie wieder befreit.

Wenn Glaubende eine solche Gotteskindschaft einüben, müssen sie allerdings auch Enttäuschungen verkraften. Denn sie sollen sich nicht wie Kleinkinder, sondern wie heranwachsende Kinder zu Gott in Beziehung setzen. Unreife Wünsche erfüllt Gott nicht. Und auch bei angemessenen Bitten mutet er Glaubenden nicht selten eine Wartezeit zu, die das Vertrauen prüft. Der väterliche Schutz bedeutet auch nicht immer, dass er Glaubenden Leid erspart, oft genug schenkt er eine übernatürliche Kraft, auch durch schwere Situationen mit Zuversicht und Freude zu gehen. Trotzdem führt die Erfahrung von Gotteskindschaft für viele Glaubende zu einer existenziellen Leichtigkeit, wie sie Kinder erleben, deren Eltern zur Stelle sind, wenn es schwierig wird. Wenn sich Liebende dies erschließen, entlastet das natürlich auch die Partnerschaft.

Dies hat Tina entdeckt. Immer wieder ist sie in Gegenwart ihres Mannes emotional zusammengebrochen. Als Bankangestellter in einer hohen Position war Tinas Ehemann lange im Büro und oft auf Geschäftsreisen. In seiner Abwesenheit überforderte sich Tina mit der Haushaltsführung, Kindererziehung, einer Teilberufstätigkeit, auf der sie bestand, und zeitweise sogar durch Ehrenämter. Tinas Seele kam dabei völlig zu kurz und wurde zudem oft überreizt. Das brach meist aus ihr heraus, wenn Tinas Mann einmal Zeit hatte. Zu Beginn der Beziehung versuchte er, sich Zeit zu nehmen, zu trösten und zu entlasten. Irgendwann zog er sich aber zurück.
Tina suchte Zuflucht im Glauben. Sie besuchte ein Seelsorgeseminar, in dem es um das „innere Kind" ging. Dabei fand sie einen Zugang zu den kindlichen Persönlichkeitsanteilen, die wir alle haben. Sie lernte, wie sie ihre inneren Bedürfnisse auf Gott ausrichtet, und machte dabei Erfahrungen, die nur schwer in Worte zu fassen sind. Auch heute ist Tinas Leben noch anstrengend, aber sie gönnt sich Pausen, nimmt sich Zeit für Gebet und kann sich wieder leichter der Schönheit und Freude des Alltags öffnen. Sie erlebt diese nun als tägliche Versorgung von oben. Das entlastet die Ehe. Die Zeiten mit ihrem Mann sind wieder viel schöner geworden.

Viele Überforderte erleben in ihrem Glauben, was Tina erlebt hat: Sie entdecken in ihrem Alltag immer wieder Zeichen einer Fürsorge und verspüren immer mal wieder einen Impuls, sich rechtzeitig zu schützen oder einer Überforderung aus dem Weg zu gehen. Das befreit auch die Liebe.

Ihr Partner nähert sich dem Thema Gotteskindschaft von einem ganz anderen Ausgangspunkt.

Treten Sie nicht an Gottes Stelle

Wenn Sie gelegentlich zu viel Verantwortung für Ihren Partner übernehmen, dann trifft Sie eine unvermutete spirituelle Einsicht: Wo Sie Ihrem Partner in das Lenkrad des Lebens greifen und die Richtung seines Lebens verändern wollen, da spielen Sie Gott. Wo Sie das Schicksal Ihres Partners wenden wollen – einen Ausgleich für Lebenslasten oder

Verluste schaffen oder Ihren Partner vor den Grenzerfahrungen des Lebens bewahren –, da treten Sie an Gottes Stelle. Sie können das versuchen, werden aber eine Überforderung spüren und feststellen, dass Ihre Kraft und Möglichkeiten dafür nicht ausreichen.

Es genügt, wenn Sie ein liebevoller Partner sind und wenn Sie einander die Geborgenheit und Unterstützung schenken, die in einer schönen Liebesbeziehung möglich sind. Bei existenziellen Fragen dürfen Sie aber einen Schritt zurücktreten und diese der Fürsorge und Vorsehung Gottes überlassen. Gerade diese Zurückhaltung kann einen starken Glauben ausdrücken: Gott wird Ihrem Partner zur rechten Zeit helfen. Er wird Zeiten des Leides auf eine erträgliche Zeitspanne verkürzen. Er schenkt Ihrem Partner trotz Belastungen und Verlusten in ausreichendem Maß Glück.

Damit wird Ihnen auch eine überfordernde Verantwortung von den Schultern genommen. Ihre Herausforderung ist nun, zwischen partnerschaftlichen und existenziellen Bedürfnissen Ihres Partners zu unterscheiden. Natürlich werden Sie ihn nun nicht vernachlässigen und darauf verweisen: „Gott kümmert sich um dich." Aber Sie dürfen prüfen, wofür Sie verantwortlich sein wollen.

Das hat Tinas Mann getan. Weil es wirklich zu wenig Zeit füreinander gab, hat er besondere Abende und gemeinsame Wochenenden geplant. Diese Zeiten stillen Tinas Bedürfnis nach Nähe und schenken ihr auch einen Rückhalt, der ihr hilft, mit ihren Aufgaben gelassener umzugehen. Tinas Mann hat aber auch offen gestanden, dass es ihn überfordert, wenn Tina bei seinem Heimkommen aufgelöst ist und dann erwartet, dass er sie beruhigt. Tina zieht sich in solchen Momenten dann erst einmal zurück, bis sie wieder einigermaßen im Gleichgewicht ist. Oft hilft ihr dann Gebet oder eine geistliche Lektüre. Tinas Mann befreit sich damit aus einer Retterrolle, die genauso eine Last wie auch eine Anmaßung war. Zwar findet er ihre Hinwendung zu Gott manchmal befremdlich. Aber es ist auch eine schöne Vorstellung, dass sich jemand da oben auch um seine Frau kümmert.

Das Leiden unter den Härten des Lebens führt ein Paar zu der existenziellen Frage, auf welche Unterstützung es in den Grenzerfahrungen des Lebens zurückgreifen kann. Wo der Partner, der mehr leidet, eine Gotteskindschaft entdeckt, befreit das den anderen von der Gefahr, an Gottes Stelle zu treten.

Wenn Liebende einschüchtern

Auch Stärke gehört zu den Tugenden, die im Übermaß zum Problem werden. Manche Partner sehen in Konflikten ein Kräftemessen, das sie selbstbewusst aufnehmen: „Mal sehen, was du dagegenhalten kannst." Sie sind ausdauernd und kennen viele Wege, wie man sich durchsetzt.

An der Seite eines starken Partners genießt man Sicherheit. Liebende rechnen aber so gut wie nie damit, dass sich diese Stärke auch einmal gegen sie selbst wenden könnte. Betroffene Partner stehen dem anderen dann oft wehrlos gegenüber. Sie verstehen nicht, wie Liebe in einen Kampf umschlagen kann. Sie verstehen auch nicht, warum der andere plötzlich wieder liebevoll sein kann, wo er doch vorher mit harten Bandagen gekämpft hat.

In den folgenden Beispielen zeigt sich der Stachel „Einschüchtern".

Einschüchtern als autoritäre Überreaktion. Eigentlich ist Dietmar ziemlich gutmütig. Aber wenn Jennifer bestimmte rote Linien überschreitet, bringt sie Dietmar aus der Ruhe. Seine Gesichtszüge verhärten sich und seine Stimme wird laut. Dietmar wählt scharfe Worte. Am Anfang der Ehe hat Jennifer geweint und sich entschuldigt. Sie hat sich eingeprägt, wo Dietmars rote Linien verlaufen, um sie ja nicht wieder zu übertreten. Im Laufe der Jahre ist Jennifer selbstsicherer geworden und hält auch einmal etwas dagegen.

Einschüchtern, um nicht verletzbar zu sein. Eva spürt, dass Arvin eigentlich recht hat mit seiner Kritik. Was aber jetzt geschieht, beobachtet sie mehr, als dass sie es beeinflusst. In ihrer Stirn, ihrem Hals und ihrer Brust verschließt sich etwas, als würde ihr jemand einen Panzer anlegen. Ihre Stimme wird laut und muss für Arvin hart und verletzend klingen. Seine Kritik hat einen kleinen Schwachpunkt und den greift Eva an. Sie ist hellwach in diesem Moment und spürt einen Einschuss an körperlicher Energie. Ihr Blick und ihr ganzer Körper drücken aus, dass sie noch lange streiten kann, wenn es nötig sein sollte. Eva hört, wie sich Arvin kleinlaut entschuldigt: „Ich wollte dich nicht angreifen. Tut mir leid. So wichtig war das jetzt auch gar nicht."
Es ist eigentlich unwürdig, dass sich Arvin so klein macht, denkt Eva. Aber irgendetwas in ihr triumphiert. Sie spürt ein Gefühl der eigenen Stärke.

Einschüchtern aus Misstrauen. „Ich rufe sie jetzt gleich an und stelle das klar", tobt Hektor.
„Spinnst du?", hält Dörte dagegen. „Was soll denn Chris denken? Dass wir sie in unsere Beziehungskiste reinziehen?"
„Aber warum erzählst du ihr denn von meinen Problemen mit der Sprechstundenhilfe? Weißt du denn nicht, wie schnell sich so etwas im Dorf rumspricht? Was hast du überhaupt erzählt?"
„Nichts. Wir haben uns unter Freundinnen ausgetauscht. Da habe ich ihr auch erzählt, was dir gerade Stress macht."
„Das ist vertraulich, meine Güte! Kann ich dir denn gar nichts mehr erzählen?"
„Dann lass es halt", schießt Dörte hart zurück, obwohl sie es natürlich nicht so meint. Sie überlegt, ob sie Hektor aufklären soll, dass sie mit Chris über keine heiklen Personalfragen gesprochen hat. Aber das sieht sie gar nicht ein. So ein Misstrauen hat sie einfach nicht verdient.

Einschüchtern aus Ungeduld. Maren sieht den Wutanfall von Jonas kommen, doch der bricht schneller aus, als sie sich in Sicherheit bringen kann.
„Das darf doch wohl nicht wahr sein!" Jonas blickt entsetzt in den

geöffneten Staubsauger. „Da steht doch in großen Buchstaben: REGELMÄSSIG AUSWASCHEN. Wie lange haben wir den Staubsauger jetzt schon?"
„Mir ist halt ...", setzt Maren leise an.
„Das kannst du vergessen", unterbricht Jonas sie. „Das sitzt jetzt alles fest. Den Filter muss ich nachbestellen. Nur weil du ..." Jonas führt den Satz nicht fort, sondern schüttelt nur den Kopf und blickt Maren mit zusammengepressten Lippen an, als erwarte er ein Schuldbekenntnis, eine Wiedergutmachung, ein „Ich-tu-das-nie-wieder" oder was auch immer. Maren sieht Jonas durch einen Schleier von Tränen an und fröstelt. Als sie ihre Fassung wieder gefunden hat, bietet Maren an: „Ich mache jetzt ein Liste mit regelmäßigen Aufgaben." Sie setzt eilfertig nach: „Filter säubern, Wasserkocher entkalken, Gefrierfach abtauchen und so was." Jonas schweigt noch, wirkt aber irgendwie zufriedener.

Die Beispiele zeigen, dass der Stachel „Einschüchtern" unterschiedlichen Zielen dient: Manchmal befreit er aus einem Gefühl der Ohnmacht, manchmal sucht er Zuflucht in der eigenen Stärke, wenn ein Partner eigentlich verletzbar ist, wenn sein Vertrauen angegriffen ist oder etwas den eigenen Zielen im Weg steht. Angriffslust, Wut, Lautstärke, Härte und Kompromisslosigkeit sind die Erkennungszeichen dieses Stachels. Seine Auswirkungen sind in den Beispielen schon sichtbar geworden. Diese sehen wir uns im nächsten Abschnitt noch genauer an.

Die Folgen von Einschüchterung

Wenn aus dem Miteinander ein Gegeneinander wird, verändert das die Beziehung. Wer kämpft, muss sich hart machen. Wer eingeschüchtert wird, wird vorsichtiger und behält manches für sich, um weniger angreifbar zu sein. Daher geht die Offenheit verloren. Auch in guten Beziehungen wird dann das Klima etwas rauer und beide tun sich schwer, auch einmal die verletzlichen Seiten von sich zu zeigen. Je nachdem, wie der eingeschüchterte Partner reagiert, kommt es zu unterschiedlichen Entwicklungen.

Anpassung. Diesen Schutzmechanismus hat Maren im letzten Beispiel eingesetzt. Sie hat sich der Standpauke gefügt und Besserung versprochen. Es gibt sogar Momente, in denen Maren Jonas geradezu in die Rolle eines strengen Chefs drängt: „Wenn ich diese Woche nicht ins Fitnessstudio gehe, dann musst du mir den Kopf waschen." Maren fühlt sich in der Beziehung glücklich und Szenen wie die mit dem Staubsauger sind rasch vergessen. Marens Freundin beobachtet aber manches, was sie sich für ihre eigene Beziehung nicht wünschen würde. An der Seite von Jonas scheint Maren kleiner zu werden. Die Freundin wundert sich auch, wenn Maren lachend sagt: „Erzähl das bloß Jonas nicht."
Warum muss ich das geheim halten?, fragt sich Marens Freundin dann. Ihrem Partner mutet sie auch Gedanken zu, die diesem nicht gefallen.

Vermeidung. „Ich versteh nur Bahnhof", stellt Merlin fest. Tatsächlich hat ihn Irina auf geschickte Weise auflaufen lassen. Sie will ihre Urlaubspläne noch nicht verraten und hat das in unverständliche Andeutungen gehüllt. Denn wenn Merlin mit ihren Wünschen nicht übereinstimmt, zerpflückt er alles, was Irina nicht genau durchdacht hat. Deshalb geht sie Auseinandersetzungen so lange aus dem Weg, bis sie sich sicher fühlt.

Vermeiden ist die Stressreaktion, mit der man sich wohl am besten vor dem Stachel „Einschüchtern" schützen kann. Ausweichmanöver verhindern, dass es zu einem Wutausbruch kommt. Falls ein Ausbruch einmal nicht vorhersehbar ist, besänftigt die Vermeidung durch Ablenkung oder durch ein taktisches Nachgeben, das später noch einmal unauffällig auf die strittige Sache zurückkommt.

Der Partner, der gelegentlich einschüchtert, wird dadurch einsam, wie es ein tyrannischer Chef wird, wenn ihm andere aus Furcht aus dem Weg gehen. Ihm bleiben die Gefühle, Gedanken und Erlebnisse verborgen, die ein vermeidender Partner für sich behält und lieber mit anderen Menschen teilt.

Kampf. Nur selten binden sich zwei Haudegen aneinander, aber wenn sie es tun, dann können in einer Beziehung die Fetzen fliegen. In solchen Fällen kämpft meist einer mit offenem Visier, der andere mit verdeckten Mitteln. Ein bewährtes Kampfmittel, das Partner gegen einschüchterndes Verhalten einsetzen, ist die Opferrolle: „Du hast mich so verletzt. Du bist furchtbar." Oder: „Wegen deinem Wutausbruch habe ich die ganze Nacht kein Auge zugetan."

Natürlich ist es nicht immer ein Kampfmittel, wenn wir einmal verletzt sind oder nach einem Streit nicht schlafen können. Aber man kann Schwäche auch als Kampfmittel einsetzen und gegen das Gewissen des starken Partners richten. Auf diese Weise kann man den andern zum Nachgeben zwingen und es kommt in der Beziehung zu einem Ausgleich der Kräfte. Manchmal sucht sich der Partner, der verdeckt kämpft, auch Verbündete, im schlimmsten Fall die eigenen Kinder, mit denen er sich zu einem Bollwerk zusammenschließt. Kämpferische Beziehungen sind häufig etwas instabil, es kommt zu Machtkämpfen, die von Phasen eines erschöpften Friedens abgelöst werden.

Jede der drei Stressreaktionen führt zu einer Art Sicherheitsabstand, den man als angenehm empfinden, aber auch als Mangel an Offenheit und Rückhalt erleben kann. Vor allem aus diesem Grund lohnt sich ein Weg der Veränderung für beide. Diesen Weg beschreibe ich zuerst für Partner, die gelegentlich einschüchtern, im darauf folgenden Abschnitt dann für Partner, die ab und zu eine Antwort auf eine Einschüchterung finden müssen.

Selbstkorrektur: Suchen Sie die Augenhöhe

Ihre Stärke kann darauf beruhen, dass Sie sich Respekt verschaffen, was nichts anderes heißt, als dass Sie beim anderen Angst wecken. Ihre Stärke könnte auch darin begründet sein, dass Sie Spannungen länger aushalten als Ihr Partner, sich von Streit schneller erholen oder Druck auf die Schwachpunkte Ihres Partners ausüben. Vielleicht haben Sie schlagkräftige Argumente und verhandeln besser.

Ihre Stärke dient Ihrem gemeinsamen Leben auf vielfältige Weise. Aber wenn sie sich gegen Ihren Partner richtet, leidet die Liebe. In einem ersten Schritt werden Sie auf ein Misstrauen aufmerksam, das Ihnen vielleicht so noch nicht bewusst war.

Bauen Sie Ihr Misstrauen ab

Wenn Sie Ihre Stärke in einer Weise ausspielen, die Ihrer Partnerin oder Ihrem Partner Angst macht, dann hat das Gründe, die alle mit Misstrauen zu tun haben. Misstrauen ist eine übertriebene Vorsicht. Es rüstet innerlich auf und ruft schnell den Verteidigungsfall aus. Manchmal wartet Misstrauen gar nicht ab, ob etwas Negatives eintritt, sondern geht bereits vorbeugend in die Auseinandersetzung.

Sind Sie misstrauisch, ob Ihr Partner Sie schützen kann oder will? Oder glauben Sie an die Bereitschaft Ihres Partners, Sie zu schützen? Um das zu erleben, müssen Sie sich allerdings erst einmal öffnen und verletzbar machen. Zeigen Sie doch einmal, was Sie verletzt, wenn Sie etwas überfordert, wenn Sie sich im Stich gelassen oder blamiert fühlen. Öffnen Sie sich für den Schutz und die Unterstützung durch Ihren Partner.

Wenn Sie Ihr Partner tatsächlich einmal nicht schützt oder keine Rücksicht nimmt, dann unterstellen Sie erst einmal Gutes: Dass der andere vielleicht gerade mit sich selbst beschäftigt war oder sich selbst schützen musste, es ihr oder ihm aber im Grunde auch sehr wichtig ist, dass es Ihnen gut geht. Der andere hat vielleicht noch gar nicht gemerkt, dass Sie Rücksicht brauchen. Denn wenn der eine häufig stark auftritt, kommt der andere nicht auf die Idee, ihn zu schützen.

Misstrauen Sie den Absichten Ihres Partners? Das Verhalten unseres Partners können wir beobachten, ihre/seine Absichten können wir nur erschließen. Hier ist vieles mehrdeutig. Hat sie wirklich geglaubt, mir gefällt das auch? Oder war sie nicht einfach nur egoistisch? Hat er sich wirklich geirrt? Oder wusste er es besser und hat mich getäuscht? Misstrauen fühlt sich sicherer, wenn es im Zweifel vom Schlimmsten ausgeht, denn dann gibt es keine bösen Überraschungen.

Ich will hier nicht behaupten, dass Ihr Partner immer aus reinen Motiven handelt. Lieber werfe ich die praktische Frage auf: Was ist schlimmer? Dass Sie Ihrem Partner Gutes unterstellen, auch wenn sie/er einmal keine lauteren Absichten verfolgt? Oder dass Sie Schlechtes unterstellen, obwohl Ihr Partner es wirklich gut meint? Im ersten Fall sind Sie vielleicht etwas verletzbarer, im zweiten Fall entmutigen Sie aber den Menschen, der Sie liebt. Daher hat in einer Liebesbeziehung irrtümliches Misstrauen mehr negative Folgen als ein irrtümliches Vertrauen. Außerdem ernten wir negative Verhaltensweisen, wenn wir den andern behandeln, als ob er böse wäre. Wenn wir dagegen Gutes unterstellen, locken wir beim anderen auch meist Gutes hervor. Schon das macht das Vertrauen in den meisten Fällen dem Misstrauen überlegen.

Misstrauen Sie der Zusammenarbeit mit Ihrem Partner? Wenn Sie zielstrebig oder vielleicht sogar ein wenig ungeduldig sind, wird Ihnen Ihr Partner nicht immer wie eine Hilfe vorkommen. Im Gegenteil, Sie fühlen sich wahrscheinlich immer mal wieder durch den anderen aufgehalten oder blockiert. Einschüchterndes Verhalten hat dann die Funktion einer Planierraupe, die alles wegschiebt oder einebnet, was sich in den Weg stellt.

Wenn Sie das so erleben, dann fallen Ihnen sicher Situationen ein, in denen Sie Ihren Partner wie ein Hindernis erleben. Dieses Erleben offenbart allerdings ein doppeltes Misstrauen: Sie misstrauen dann der Fähigkeit, vielleicht sogar der Bereitschaft Ihres Partners, Sie beim Erreichen Ihrer Ziele zu unterstützen. Das mag für eine einzelne Situation durchaus zutreffen, doch für Ihr gemeinsames Leben insgesamt stimmt das sicher nicht. Denn jede Teamarbeit hat Phasen, in denen man sich gegenseitig aufhält, wenn es zum Beispiel Missverständnisse gibt oder eine Weile diskutiert wird, bis eine Entscheidung für alle Seiten stimmt. Doch dieses Stocken wird durch die gegenseitige Unterstützung aufgewogen. Teamwork kann darüber hinaus Irrwege und Umwege besser verhindern als der Alleingang. Und sicher gilt das auch für Ihr Zusammenspiel als Paar. Daher ist auch hier Vertrauen gut investiert.

Misstrauen Sie der Loyalität Ihres Partners? Wenn Sie sich folgende Frage stellen, entlarvt dies schon ein Misstrauen: „Hält mein Partner zu mir oder zu einem anderen?" Wenn Ihr Partner eine Sichtweise teilt, mit der Sie nicht übereinstimmen, kann das Misstrauen wecken. Vielleicht wittern Sie sogar ein Bündnis, das sich gegen Sie richten könnte. In aller Regel berührt es die Treue Ihnen gegenüber aber nicht, wenn sich Ihr Partner einmal den Sichtweisen, Werten oder Zielen einer dritten Person näher fühlt. Wenn es wirklich hart auf hart kommt, wird Ihr Partner zu Ihnen stehen.

Ich hoffe, Sie haben bemerkt, dass ich hier keinen naiven Standpunkt vertreten will. Ihr Misstrauen mag in manchen Fällen im Recht sein, denn Ihr Partner verhält sich sicher – wie jeder Mensch – auch einmal rücksichtslos oder selbstbezogen, boykottiert ein Ziel von Ihnen oder solidarisiert sich auf unfaire Weise mit einer anderen Person. Das werden Sie dann aber auch bemerken und können sich entsprechend wehren. Aber in unserem partnerschaftlichen Alltag überwiegen Situationen, die man so oder so interpretieren kann. In diesen vielen Zweifelsfällen lade ich Sie zu einem Vertrauen ein, das Ihre Liebesbeziehung stärken wird, auch wenn es Sie hin und wieder einmal verletzbar macht.

Streiten Sie mit gleichen Mitteln

Wenn Sie mit Ihrem Partner auf Augenhöhe gehen, hat das Vorteile und Nachteile. Sie werden vielleicht mehr Kompromisse schließen und etwas häufiger nachgeben müssen. Diesem Nachteil stehen aber viele Vorteile gegenüber. Vor allem treten die negativen Folgen nicht mehr auf, die Ihr Stachel „Einschüchtern" verursacht. Wenn Sie sich zu schnell durchsetzen, können Sie außerdem Konflikte nicht auf eine gute Weise austragen. Denn es entsteht auch Nähe, wenn sich ein Paar aneinander reibt und wenn in der Auseinandersetzung spürbar wird, was der andere will und braucht. Manchmal brauchen wir sogar den Konflikt, damit wir spüren, was uns wirklich wichtig ist, worum es zu kämpfen lohnt und worum nicht. Nicht zuletzt wird Ihr Partner nur dann hinter Ihnen stehen, wenn Sie ihn wirklich gewinnen und nicht nur überrumpelt haben.

Es gibt also viele Gründe, die Augenhöhe in der Paarbeziehung zu suchen. Dazu müssen Sie Ihre Durchsetzungsmittel aus der Hand legen, die zwar wirksam, aber unfair sind.

Drohungen. Wenn wir den anderen auf die Folgen aufmerksam machen, zum Beispiel auf die Folgen einer Entscheidung, muss das noch keine Drohung sein: „Wenn wir uns das jetzt anschaffen, dann möchte ich dieses Jahr keine Fernreise buchen. Das ist mir insgesamt zu teuer."

Anders klingt ein Satz wie dieser: „Wenn du in diesem Frühjahr nicht den Garten machst, fahre ich nicht mit dir in den Urlaub. Dann brauchen wir den Sommer eben für den Garten." Hier wirkt das Streichen des Urlaubs ziemlich willkürlich und entfaltet als Druckmittel eine Wirkung. Deshalb kann man hier von einer Drohung sprechen.

Persönliche Angriffe. In einer Paarbeziehung lernen wir auch die persönlichen Schwachpunkte des anderen kennen: wofür sich einer schämt, wofür er sich schnell schuldig fühlt, wo einer leicht zu verunsichern ist. Das lässt sich mitunter für einen Angriff nutzen: „Du siehst gerade ein bisschen komisch aus, wie du mit dem Zeigefinger in die Luft stichst."

Wenn Ihr persönlicher Angriff darauf abzielt, sich durchzusetzen, kommt etwa folgende Botschaft an: „Wenn du auf deinem Standpunkt beharrst, kann ich es dir sehr ungemütlich machen. Das war ein Warnschuss, ich kann dich hier auch noch ganz anders angreifen." Selbst wenn diese Botschaft unbewusst gesendet und empfangen wird, flößt sie Angst ein.

Eskalationsbereitschaft. Dieses unfaire Mittel steigert den Konflikt, um den anderen zum Nachgeben zu bringen. Die Auseinandersetzung wird lauter, die Körpersprache kämpferischer und die Wortwahl härter. Wenn Sie einen Konflikt auf diese Weise verschärfen, dann entsteht eine Drohkulisse. Denn unwillkürlich fragt sich Ihr Partner, wie das enden soll, wenn nicht einer von Ihnen nachgibt.

Absichtliches Missverstehen. Wenn Sie Ihrem Partner gezielt Schlechtes unterstellen, kann das zur Waffe werden, vor allem wenn Ihr Partner diese Kommunikationsstrategie nicht durchschaut:

- „Du stehst nicht mehr hinter mir, seit ich befördert bin. Du trägst meine Karriere nicht mit."
- „Willst du damit sagen, dass meine Familie nicht in Ordnung ist und schlechter als deine?"
- „Du willst mir damit Schuldgefühle machen, oder? Findest du es toll, wenn ich mich schlecht fühle?"

Das absichtliche Missverständnis zwingt den anderen, einen Gegenbeweis zu liefern, zum Beispiel Verständnis für die Überstunden zu zeigen.

Fast alle Menschen setzen einmal unfaire Kommunikationsmittel ein. Wenn Sie zum Einschüchtern neigen, kann es sein, dass Sie diese häufiger und vor allem gezielter einsetzen. Dann müssen Sie diese aus der Hand legen, um ein Gleichgewicht der Kräfte zu schaffen.

Aber auch faire Kommunikation kann zu einer Übermacht führen, dann nämlich, wenn Sie diese besser beherrschen als Ihr Partner. Vielleicht haben Sie Ihre Ziele klar vor Augen, während Ihr Partner oft eine Weile braucht, um sich Ziele zu setzen. Vielleicht können Sie sich auch besser ausdrücken als Ihr Partner. Vielleicht haben Sie Führungsqualitäten und können Ihren Partner viel leichter für etwas gewinnen als umgekehrt. Dann hilft nur eines: Spielen Sie Ihre Fähigkeiten nicht voll aus, sondern nur so weit, dass Sie nicht überlegen werden. Dann halten Sie sich vielleicht zurück und schenken Ihrem Partner Zeit, bis er sich seiner Ziele bewusst geworden ist. Vielleicht beschränken Sie sich auf wenige und einfache Worte, um Ihre Wünsche auszudrücken. Vielleicht setzen Sie Ihre Führungsqualitäten ein, um Ihren Partner zu ermutigen und sein Selbstbewusstsein zu stärken, so wie man Mitarbeiter in Verantwortung führt. Natürlich müssen Sie sich nicht immer derart beschneiden, sondern nur, wenn Sie in einer Auseinandersetzung zu stark werden.

In der Paartherapie führe ich Partner, die andere gelegentlich einschüchtern, genau auf diesem Weg. Es ist immer wieder schön und spannend zu erleben, was geschieht, wenn die untergründige Angst aus der Beziehung verschwindet. Der unterlegene Partner blüht auf und entfaltet seine persönliche Stärke. Partner setzen ihre Stärke schließlich immer mehr füreinander statt gegeneinander ein.

Lassen Sie Ihre Verwundbarkeit zu

Wenn Sie sich manchmal durch eine übertriebene Stärke schützen, dann hat das Gründe, die weit in Ihre Kindheit zurückreichen. Vermutlich haben Sie weniger Schutz erlebt, als es ein Kind eigentlich braucht. Vielleicht hat Ihnen auch Rückhalt gefehlt oder die Stärke einer Bezugsperson, auf die man sich im Alltag verlassen kann. Wer dann Zuflucht zur eigenen Stärke sucht, gerät als Erwachsener leicht in einen Teufelskreis: Ihre Stärke verbaut Ihnen die Erfahrung, die vielleicht am wichtigsten für Sie wäre: geschützt werden, Rückhalt erfahren und sich an die Stärke eines lieben Menschen anlehnen können. Hier hält die Liebe eine Erfahrung für Sie bereit, die Sie bis in die Tiefe Ihrer Persönlichkeit prägen kann. Doch das erfordert erst einmal Ihren Mut, sich dieser Erfahrung zu öffnen und auch einmal Schwäche zu zeigen.

Vielleicht setzt bei Ihnen die Kampfbereitschaft so schnell ein, dass Sie Ihre Verwundbarkeit gar nicht spüren. Bevor Sie in der nächsten Stresssituation zu den Waffen greifen, halten Sie doch erst einmal inne und spüren Sie, was Ihnen Angst macht oder was Sie verletzt. Dann können Sie zu Ihrem Befinden stehen:

- „Ich schäme mich, wenn du deiner Freundin so offen von uns erzählst."
- „Ich fühle mich von dir angegriffen, wenn du so über meine Überstunden sprichst."
- „Wenn du so schlecht über Ulf sprichst, dann schmerzt mich das. Er ist doch einer meiner besten Freunde."

Mit den Strategien dieses Abschnitts geben Sie Ihrem Partner die Gelegenheit, Sie zu schützen und Ihnen Rückhalt zu schenken. Ihr Partner kann Sie dabei aktiv unterstützen.

Entwaffnen Sie Ihren Partner

Was wollen Sie einer Einschüchterung entgegensetzen? Sie benötigen eine friedfertige Stärke, die auch noch entwaffnende Worte findet, wenn sie bereits den Pistolenlauf auf der Brust spürt. Friedfertige Stärke sieht in der Kriegerin das verletzbare Mädchen, im Krieger den verletzbaren Jungen, die ihre Angst überwinden, indem sie Ihnen Angst machen.

Dieser Abschnitt leitet Sie zunächst an, Ihre Angst zu beruhigen. Dann lernen Sie, Ihren Partner zu durchschauen und die Verwundbarkeit zu sehen, die sich hinter der Härte verbirgt. Sie finden außerdem Anregungen, wie Sie auf fairen Spielregeln bestehen und Ihrem Partner zugleich ein Gefühl von Schutz und Loyalität schenken.

Beruhigen Sie Ihre Angst

Sicher gibt es Situationen, in denen Sie die Angst beruhigen müssen, die einschüchterndes Verhalten auslöst. Angst ist Kopfsache. Zwar reagieren Körper und Seele zunächst automatisch auf bedrohliches Verhalten. Sie fühlen sich vielleicht unsicher, bekommen Herzklopfen oder einen Druck auf der Brust. Was aber dann passiert, bestimmt Ihre Einstellung. Manche Gedanken treiben die Angst auf die Spitze, andere Gedanken beruhigen sie. Folgende Gedanken zum Beispiel verstärken die Angst:

- „Er ist so stark, er kann mit mir machen, was er will."
- „Das halte ich nicht länger aus."
- „Ich darf mich auf keinen Fall angreifbar machen."

Die folgenden Einstellungen dagegen mildern die Angst.

- Akzeptieren Sie ein gewisses Maß an Verwundbarkeit: „Ja, vielleicht kann ich nach der Auseinandersetzung nicht gut schlafen. Das zeigt, dass ich ein feinfühliger Mensch bin, und das ist gut so."
- Korrigieren Sie Ihre Katastrophengedanken: „Ich habe Angst, dass ich in allem nachgeben werde und dann unglücklich bin. Aber das stimmt nicht, ich habe mich in der Vergangenheit auch schon durchgesetzt, wenn es mir ganz wichtig war."
- Vertrauen Sie Ihrer Stärke: „Ich werde es immer besser lernen, mich nach einem Streit zu beruhigen und zu entspannen. Da gibt es noch viele Möglichkeiten. Irgendwann kann ich abschalten und auch nach einem Streit gut schlafen."
- Vertrauen Sie Ihren Möglichkeiten, sich zu schützen: „Mein Partner hat mich heute auf dem falschen Fuß erwischt. Ich habe mich nicht gut geschützt. Wenn ich noch mal nachdenke, fällt mir sicher ein, wie ich mich besser wehren kann. Bei anderen Themen habe ich das auch schon geschafft."

In manchen Situationen kann es helfen, wenn Sie sich für einen Moment zurückziehen und etwas tun, was Ihnen guttut und Sie beruhigt. Sie können sogar Ihren Partner dazu einladen, Sie zu beruhigen: „Ich weiß, wir sind mit dem Thema noch nicht durch und vielleicht bist du noch wütend. Aber könntest du mich trotzdem mal in den Arm nehmen? Ich bin gerade einfach zu aufgeregt, um noch klar zu denken und auf gute Weise mit dir zu streiten."

Auf diese Weise gehen Sie auch mit bedrohlichen Situationen aktiv um. Sie bleiben ruhiger, wenn Ihr Partner einmal seinen Stachel ausfährt. Eine Fähigkeit zur Selbstberuhigung macht vieles leichter. Sie können Ihre Stärken besser ausspielen. Selbstberuhigung hilft Ihnen auch, sich von Ihren eigenen Gefühlen zu lösen, und zu schauen, was Ihr Partner braucht.

Sehen Sie das Kind im anderen

Hinter dem einschüchternden Verhalten verbirgt sich ein verletzbares kleines Mädchen oder ein verletzbarer kleiner Junge. Es sind Kindheitserfahrungen von Ohnmacht, die den Stachel „Einschüchtern" hervorbringen, vor allem die Erfahrung, nicht ausreichend geschützt zu werden. Diese Erfahrung machen Menschen in unterschiedlicher Form.

Das Mädchen und der Junge, die sich unterwerfen müssen. Natürlich sind Kinder ihren Eltern unterlegen. Umso wichtiger sind aber folgende Erfahrungen:

- widersprechen dürfen und in der eigenen Meinung ernst genommen werden
- protestieren dürfen und erleben, dass die Eltern auch einmal nachgeben
- sich beklagen dürfen, wenn ein Elternteil einen Fehler macht, und eine Entschuldigung hören
- einen Irrtum der Eltern entlarven und auch einmal hören: „Du hast recht."
- ein wenig mitreden dürfen, was die Spielregeln der Familie angeht

Wo Kinder solche Erfahrungen nicht machen, steigert sich ihr natürliches Kleinsein zu einer Ohnmacht, die emotional prägt. Robuste Kinder setzen diesem Gefühl manchmal Härte entgegen. Heute erlebt Ihr Partner diese kindliche Ohnmacht vielleicht erneut, wenn Sie einmal ein wenig stur sind, nicht nachgeben, auf Ihrer Meinung beharren oder Ihren Partner nicht gleich richtig verstehen. Sie beobachten nur das einschüchternde Verhalten. Aber Ihre Einfühlung kann nun auch das ohnmächtige Mädchen oder den ohnmächtigen Jungen spüren. Mit Sätzen wie diesen können Sie Sicherheit schenken:

- „Ich komme dir bestimmt noch entgegen. Ich brauche nur noch etwas, um zu sehen, wie und wo ich das kann."
- „Du hast mit manchem bestimmt recht. Aber im Moment empfinde ich die Situation total anders als du. Lass mir noch ein wenig Zeit."

Diese Signale lassen Ihre Kompromissbereitschaft erkennen. Ihr Partner spürt, dass er Einfluss auf Sie hat. Dann verfliegt das kindliche Ohnmachtsgefühl so schnell, wie es gekommen ist.

Das verletze Mädchen und der verletzte Junge. Manche Kinder wurden von ihren Eltern nicht ausreichend geschützt: vor übermäßiger Kritik, vor Verurteilung und Moralpredigten, vor Beschämung, vor Überforderung, vor gefährlichen Situationen, vor Angst und Schmerz oder sogar vor Schlägen. Dann ist es das Gefühl, ausgeliefert zu sein, vor dem manche Kinder Zuflucht in die Stärke suchen. Dieses Gefühl kann auch heute im Hintergrund sein, wenn Ihr Partner mit übertriebener Stärke auftritt. Vielleicht haben Sie Ihren Partner ja tatsächlich ein wenig angegriffen, verurteilt, im Stich gelassen, verletzt oder bloßgestellt, bevor er so heftig geworden ist. Dann nehmen Sie Ihren Partner in Schutz, indem Sie sich entschuldigen oder indem Sie etwas, das Sie Ihrem Partner zugemutet haben, durch eine liebevolle Geste wiedergutmachen.

Das im Vertrauen verletzte Kind. Ehrlichkeit und Verlässlichkeit sind zwei wichtige Stützen, auf denen unser Gefühl von Sicherheit ruht, auch schon in der Kindheit. Wenn das Vertrauen eines Kindes häufig verletzt wird, kann das zu einer Ohnmacht führen, für die nur schwer Worte zu finden sind. Gebrochene Versprechen, Ausreden, Notlügen,

Täuschung, Heimlichkeit, ein Verschleiern der eigentlichen Absichten, ein Verdrehen von Tatsachen, das Vertuschen von Fehlern – Erfahrungen wie diese verletzen das Vertrauen eines Kindes. Das Kind lernt dann, sich durch Misstrauen zu schützen.

Die Erfahrung von Vertrauensbrüchen kann sich heute wieder aktivieren, wenn Sie auch einmal das Vertrauen Ihres Partners verletzen, und sei es nur in einem kleinen Punkt. Das sollten Sie dann eingestehen:

- „Stimmt, ich war gerade nicht ganz ehrlich."
- „Ich habe meinen Fehler kleingeredet. Tut mir leid."
- „Ich habe dich da wirklich hängen lassen."

Seien Sie in der betreffenden Sache eine Zeit lang besonders rücksichtsvoll. Wenn es sich nur um eine Kleinigkeit gehandelt hat, mag Ihnen dies wie eine übertriebene Bußübung vorkommen. Aber für das misstrauische Mädchen in Ihrer Partnerin oder den misstrauischen Jungen in Ihrem Partner kann gerade das ein wichtiges Zeichen sein, dass er wieder vertrauen kann.

Das ungeduldige Mädchen und der ungeduldige Junge. Manchmal entspringt einschüchterndes Verhalten einer ganz anderen Art von Ohnmacht, nämlich der Ohnmacht, so viel leisten zu müssen, dass es kaum zu schaffen ist. Kinder, die solchen Forderungen zu früh und zu stark ausgesetzt sind, reagieren darauf manchmal mit Härte: Sie lernen, ihre Ziele durchzuboxen, Hindernisse aus dem Weg zu räumen und Gegner aus dem Feld zu schlagen. Wenn Ihr Partner so geprägt wurde, spürt er die Ohnmacht in der Regel nicht, sondern vielmehr den Zorn und die Ungeduld, wenn etwas nicht vorangeht.

Es entspannt eine Situation, wenn Sie das ungeduldige Mädchen oder den ungeduldigen Jungen vom Druck entlasten: „Schatz, unser Keller wird bestimmt bald total gut aussehen. Ich verstehe, dass du das jetzt durchziehen möchtest. Heute kann ich wirklich nicht, aber ich helfe dir gerne in den nächsten Tagen. Auf einen Tag mehr oder weniger kommt es vielleicht auch nicht an."

Wenn Sie dem Kind in Ihrem Partner Sicherheit schenken, werden Sie viel seltener mit dem Stachel „Einschüchtern" konfrontiert. Trotzdem wird es ab und zu auch nötig sein, dass Sie sich vor dem Stachel Ihres Partners in Sicherheit bringen.

Werben Sie für Fair Play

Bei allem Verständnis für Ihren Partner möchte ich natürlich eines nicht schönreden: Einschüchterung übt eine Macht aus, die gerade in einer Liebesbeziehung sehr unangenehm sein kann.

Um es im Bild des Fußballspiels zu sagen: Ihr Partner wird wohl immer mit mehr Körpereinsatz spielen und das Spielfeld Ihrer Liebe dominieren. Aber auch ein hartes Spiel muss seine Grenzen haben. Wenn Ihr Partner mit gestreckten Beinen auf Sie zufliegt und Sie ernsthaft zu verletzen droht, muss abgepfiffen werden. Wenn Ihr Partner Sie niedergrätscht und daran hindert, auch einmal ein Tor zu schießen, sollten Sie ihm die Gelbe Karte zeigen.

Meist haben Partner, die gelegentlich einschüchtern, ein ausgeprägtes Gespür für Gerechtigkeit. Auf dieses können Sie zählen. Allerdings müssen Sie dazu energisch genug sein. Wenn Schiedsrichter für Fair Play sorgen, dann stehen sie nicht am Spielfeldrand und erheben dort zaghaft ihre Stimme. Sie bewegen sich, um dort zu sein, wo die Zweikämpfe ausgetragen werden. Sie machen laut auf sich aufmerksam, pfeifen und setzen eine starke Körpersprache ein. Aggressive Spieler ziehen sie mit sanfter Gewalt zur Seite. Das kann auch für Sie ein Bild sein, welchen Einsatz und welche Entschlossenheit es manchmal braucht, um für Gerechtigkeit zu sorgen. Hier deuten sich auch schon die Möglichkeiten an, wie Sie auf Fouls reagieren können.

Spielunterbrechungen. Setzen Sie eine Unterbrechung durch, wenn Ihr Partner Sie angreift, Ihnen droht oder eine einschüchternde Körpersprache einsetzt. Bis sich ein hitziger Spieler unterbrechen lässt, braucht es oft mehr als einen Satz. Wenn nötig, können Sie wiederholt Sätze wie diese sagen:

- „Stopp! Ich fühle mich nicht mehr wohl damit, wie wir gerade miteinander umgehen."
- „Lass uns mal wieder runterkommen. Das schaukelt sich jetzt so hoch, dass wir kaum eine sinnvolle Lösung finden."

- „Moment mal: Du setzt mir gerade ganz schön die Pistole auf die Brust. Bevor wir weitersprechen, will ich mich nicht mehr so bedroht fühlen."
- „Hallo! Wir sind Partner, keine Gegner. Stimmt das noch?"
- „Halt! So können wir doch nicht weitermachen. Am Ende haben wir mehr Scherben als irgendetwas Gutes."

Vielleicht legen Sie sich einige solcher Sätze zurecht, die Sie im nächsten Konflikt einsetzen können. Manchmal kann es auch einfacher sein, eine Einschüchterung durch eine Handlung zu unterbrechen, indem Sie zum Beispiel Wäsche aufhängen, die Toilette aufsuchen, ein Fenster öffnen oder sich einen Tee kochen. Sie können die Auseinandersetzung dann wieder aufnehmen, sobald sich Ihr Partner wieder auf ein faires Spiel einlässt. Das sollten Sie dann aber auch tun, denn wenn Sie nur ausweichen und Ihren Partner allein auf dem Platz zurücklassen, wäre das auch nicht fair.

Benennen Sie das Foul. Ein Schiedsrichter hält keine Moralpredigten: „Wie konnten Sie so leichtsinnig sein? Wissen Sie nicht, zu welchen Verletzungen das führen kann?" Ein Schiedsrichter akzeptiert die Fouls als Teil des Spiels, auch wenn er gegen sie vorgeht. Er unterbricht das Spiel, benennt das Foul und sanktioniert es, zum Beispiel durch einen Freistoß, der den gefoulten Spieler wieder zum Zug kommen lässt. Das kann auch ein Modell für Sie sein: Moralisieren Sie nicht, erziehen Sie nicht, machen Sie es nicht zu prinzipiell. Benennen Sie das Foul und sorgen Sie dafür, dass mit gleichen Chancen weitergespielt werden kann:

- „Du drohst mir gerade. Das ist nicht gut."
- „Wenn du so laut wirst, bekomme ich Angst. Das ist nicht fair."
- „Wenn du im Streit etwas so Verletzendes zu mir sagst, ist das doch wie ein Druckmittel. Das möchte ich nicht. Ich fände es schön, wenn du dich dafür entschuldigen könntest."

Dann lassen Sie das Spiel weiterlaufen. Wahrscheinlich wird sich Ihr Partner daraufhin wieder fairer verhalten.

Zeigen Sie die Gelbe Karte. Dieses Mittel sollten Sie nur bei schweren Fouls einsetzen. Die Gelbe Karte zeigt an: „Beim nächsten Foul stelle ich dich vom Platz." In der Liebe bietet es sich allerdings eher an, selbst das Spielfeld zu verlassen.

- „Pass auf: Ich fühle mich gerade nicht mehr wohl. Unser Gespräch ist mir zu laut und zu heftig. Entweder wir setzen es jetzt etwas ruhiger fort oder ich ziehe mich erst mal zurück."
- „Schatz, wenn ich das richtig sehe, spielst du gerade ein Druckmittel nach dem anderen aus. Das habe ich nicht verdient. Wenn wir darüber nicht auf faire Weise reden können, dann müssen wir das Thema erst mal auf Eis legen."
- „Dieter, ich fühle mich zwar verpflichtet, mit dir über alles zu sprechen, aber ich fühle mich überhaupt nicht verpflichtet, mich so von dir angreifen zu lassen. Wenn du damit nicht aufhörst, dann gehe ich erst mal."

In hitzigen Situationen kann man sich oft nicht ohne Konsequenzen durchsetzen. Das gilt selbst in Paarbeziehungen.

Nehmen Sie Niederlagen sportlich. Vermutlich ist Ihr Partner einfach etwas stärker und durchsetzungsfähiger als Sie. Selbst wenn Sie ein einigermaßen faires Spiel durchsetzen, wird Ihr Partner durch sein härteres Spiel häufiger gewinnen. Nehmen Sie das sportlich. In vielen Bereichen des Lebens profitieren Sie von der Stärke Ihres Partners. Sammeln Sie keinen Groll an und rechnen Sie es nicht auf, wenn Ihr Partner sich mehr Vorteile für sich sichert. An seiner Seite werden Sie sicher an Stärke gewinnen, und wer weiß, vielleicht gleicht sich das Kräfteverhältnis im Lauf der Jahre aus.

Durch die Anregungen dieses Kapitels schützen Sie Ihren kämpferischen Partner und werden dadurch seltener mit dem Stachel „Einschüchtern" konfrontiert. Sie schützen sich auch selbst, indem Sie einen Umgang durchsetzen, der zumindest einigermaßen fair ist. Sie machen es Ihrem Partner leichter, sich auch einmal verletzbar zu zeigen, während Sie immer stärker werden.

Um den rechten Umgang mit Stärke und Verwundbarkeit geht es auch, wenn wir den Stachel „Einschüchtern" spirituell betrachten.

Aus den Quellen des Glaubens schöpfen

In einschüchterndem Verhalten drückt sich bereits eine Weltanschauung aus: „Nur der Stärkere überlebt, Schwäche und Verwundbarkeit kann man sich nicht erlauben." Auch wenn dies vielleicht nur eine gefühlte, keine reflektierte Weltanschauung ist, antwortet sie doch auf eine existenzielle Frage: Wie gehen wir Menschen mit unserer Verwundbarkeit um, die ausgenutzt und missbraucht werden kann?

Der christliche Glaube leitet an manchen Stellen dazu an, aus Liebe auf Stärke zu verzichten. Glaubende nehmen dann bewusst in Kauf, verletzbar zu sein. Im Streit um die richtige Weltanschauung wurde gerade dieser Aspekt des christlichen Glaubens kritisiert. So schrieb Friedrich Nietzsche, ein großer Denker des 19. Jahrhunderts:

„Was ist gut? – Alles, was das Gefühl der Macht, den Willen zur Macht, die Macht selbst im Menschen erhöht. Was ist schlecht? – Alles, was aus der Schwäche stammt.

Was ist Glück? – Das Gefühl davon, dass die Macht wächst, – dass ein Widerstand überwunden wird.

[...] Was ist schädlicher als irgendein Laster? – Das Mitleiden der Tat mit allen Missratenen und Schwachen: – das Christentum ..."[4]

Nietzsche legt damit einen Wesenskern des christlichen Glaubens bloß: eine Schwäche aus Mitgefühl. Er hat diese Haltung entschieden abgelehnt, man kann aber auch deren Wert betrachten. Wie wir die Existenzfrage unserer Verwundbarkeit beantworten, hat Auswirkungen auf alle Lebensbereiche. Wir betrachten sie natürlich besonders hinsichtlich unserer Liebesbeziehung.

Bewahren Sie Ihre Unschuld

Auch aus christlicher Sicht sind Schwäche und Verwundbarkeit kein Selbstzweck. Denn Stärke kann andere beschützen. Sie kann Dinge zum Guten beeinflussen. Doch je stärker eine Person ist, desto mehr ist sie zu einer Reinheit ihrer Beweggründe aufgerufen und desto mehr sollte sie ihre Unschuld wahren.

Jesus hat das mit seiner großen Geste der Fußwaschung deutlich

---

4 Friedrich Nietzsche (1986): Der Antichrist. Versuch einer Kritik des Christentums. Suhrkamp Taschenbuch Verlag, Frankfurt am Main. S. 12.

gemacht. Er, so beschreibt sein Schüler Johannes, zieht sich vor einem Abendessen eine Schürze an und wäscht seinen Schülern die Füße. Die sind entsetzt, denn das ist die Aufgabe von Dienern oder Sklaven: „Ihr nennt mich Meister und Herr und sagt es mit Recht, denn ich bin's auch. Wenn nun ich, euer Herr und Meister, euch die Füße gewaschen habe, so sollt auch ihr euch untereinander die Füße waschen" (Johannes 13,13-14).

Die übrigen Evangelisten haben dieses Ereignis nicht überliefert, wohl aber seine Botschaft. Matthäus zum Beispiel schrieb:

„Aber Jesus rief sie zu sich und sprach: Ihr wisst, dass die Herrscher ihre Völker niederhalten und die Mächtigen ihnen Gewalt antun. So soll es nicht sein unter euch; sondern wer unter euch groß sein will, der sei euer Diener; und wer unter euch der Erste sein will, der sei euer Knecht" (Matthäus 20,25-27).

Macht korrumpiert. Kein Mächtiger widersteht der Versuchung, die Macht auch für sich selbst zu gebrauchen. Eine spirituell gereinigte Macht dagegen bewahrt ihre Unschuld. Sie kennt nur einen Beweggrund: das Wohl des anderen.

Wo die eigene Stärke sich gegen den anderen wenden würde, verzichtet die Liebe auf sie, selbst wenn sie sich dadurch verwundbar macht. Was das in einer Liebesbeziehung bedeuten kann, hat Gerald erfahren.

Karina ist empfindsam, emotional und impulsiv. Sie kann sehr verletzend werden. Seit sie wieder in den Beruf eingestiegen ist, zeigt sie ihre aggressive Seite häufiger. Sie hat Gerald unvermittelt mit verletzenden Worten angegriffen. Dann hat Gerald den Stachel „Einschüchtern" ausgefahren. Er hat sich hart gemacht, Karina lautstark unterbrochen und sie für ihre Unbeherrschtheit zurechtgewiesen. Wenn sich Karina nicht beruhigte, unterbrach Gerald sie so lange, bis Karina weinend das Feld räumte. Gerald erschien das fair, weil er ja gesprächsbereit war und Karina zugehört hätte, wenn sie ihn nur freundlich angesprochen hätte. Aber Geralds autoritäres Verhalten machte Karina immer empfindsamer. Sie fand kaum noch zu freundlichen Worten. Ein Schlagabtausch, den Karina immer verlor, bestimmte das Miteinander.

Wenn Gerald Predigten hörte, betete oder in der Bibel las, fühlte er sich zunehmend von dem Gedanken verfolgt, mehr auf Karina zuzugehen. Aber wie soll das gehen, wenn er dann den verletzenden Worten von Karina ins Messer läuft? Eines Sonntags sah Gerald auf ein Kreuz, dachte an die Folter und die Wunden Jesu. Er kam sich plötzlich ziemlich wehleidig vor bei der Vorstellung, sich vor Karina schützen zu müssen. Er verzichtete auf seine massive Gegenwehr, litt manchmal unter Karinas Angriffen, erlebte aber auch, wie sich die Beziehung zunehmend entspannte. Seine Verletzungen erschienen ihm nicht mehr als ein zu hoher Preis, Karina wieder nahe zu sein und ihr auch in einer stressigen Zeit zur Seite zu stehen.

Partner, die gelegentlich einschüchtern, können mit Verletzlichkeit gut umgehen, wenn sie sich erst einmal dazu entschlossen haben. Falls Sie noch Anregungen benötigen, wie Sie sich auf gute Weise schützen können, finden Sie diese in dem Kapitel zum Stachel „Vermeiden" (S. 136) und „Rächen" (S. 160).

Für Ihren Partner gibt es ebenfalls einen spirituellen Zugang, der sie oder ihn vor Ihrem Stachel schützt.

Schützen Sie Ihren Feind

Auch wenn die Idee der Feindesliebe nicht auf Liebesbeziehungen abzielt, kann sie Ihnen auch hier eine spirituelle Orientierung sein. Tatsächlich erleben es nicht wenige als feindselig, wenn der andere plötzlich laut wird, droht oder in einer Weise zum Nachgeben zwingt, die klein macht und oft auch ein wenig beschämt. Partner kommen sich dann wie ein besiegter Gegner vor. Lassen Sie uns deshalb eine Anleitung zur Feindesliebe studieren, die Jesus seinen Schülern gibt:

„Aber ich sage euch, die ihr zuhört: Liebt eure Feinde; tut wohl denen, die euch hassen; segnet, die euch verfluchen; bittet für die, die euch beleidigen. Und wer dich auf die eine Backe schlägt, dem biete die andere auch dar; und wer dir den Mantel nimmt, dem verweigere auch den

Rock nicht. Wer dich bittet, dem gib; und wer dir das Deine nimmt, von dem fordere es nicht zurück. [...] Vielmehr liebt eure Feinde; tut Gutes und leiht, wo ihr nichts dafür zu bekommen hofft. So wird euer Lohn groß sein und ihr werdet Kinder des Allerhöchsten sein; denn er ist gütig gegen die Undankbaren und Bösen (Lukas 5,27-30.35)."

Angesichts des Bösen mit Güte zu reagieren ist eine Eigenschaft Gottes, die Jesus in vielen Situationen demonstriert hat. Er fordert auch seine Schüler auf, das zu praktizieren. Wer sich nicht einschüchtern lässt, kann sich auf faire Weise wehren, und darum haben sich einige der vorangegangenen Abschnitte gedreht. Doch wer sich von Angst befreit, kann noch einen Schritt weitergehen und selbst demjenigen Gutes tun, der einen gerade bedroht oder wie einen Feind behandelt. Auch wenn diese Haltung Böses zunächst hinnimmt, ist sie doch sehr selbstbewusst.

In Paarbeziehungen unterbricht „Feindesliebe" negative Kreisläufe oft augenblicklich:

Mitten in Svens donnernde Zurückweisung sieht Anja ihn so herausfordernd an, dass Sven irritiert innehält: „Ich hab dich lieb", sagt Anja zart, aber selbstbewusst. Sie klingt dabei nicht wie ein Opfer, das beschwichtigen will, weil es den Angriff nicht erträgt. Sven spürt, dass es Anja mit den überraschenden Worten wirklich um ihn geht. Er entspannt sich, schüttelt den Kopf und sieht Anja mit hochgezogenen Augenbrauen an. Anja lächelt.
„Du weißt ja, was ich noch gesagt hätte", schließt Sven, berührt Anja mit der Faust an der Schulter und räumt anschließend die Küche weiter auf.

Manchmal dauert es etwas länger, bis sich der andere wieder für ein gutes Miteinander gewinnen lässt. So lange tröstet der Gedanke, mit Gott im Einklang zu sein, der auch „Undankbaren und Bösen" mit Liebe begegnet.

Weitere Möglichkeiten, gegenüber Ihrem Partner „Feindesliebe" zu üben, gibt es vor allem in folgenden Situationen:

- Ihren Partner in einem Ziel unterstützen, obwohl er dieses mit Druck durchsetzen will.
- Ihren Partner beruhigen und versichern, dass Sie zu ihm stehen, obwohl er zuvor ein verletzendes Misstrauen gezeigt hat.
- Einfühlsam bleiben, obwohl Ihr Partner Sie angreift und es durchaus angemessen wäre, wenn Sie sich hart machen würden.

Damit Ihr Partner Ihre Liebe nicht als Unterwerfung versteht, können Sie Ihre Freiheit und Souveränität in der Körpersprache ausdrücken, zum Beispiel durch eine aufrechte Körperhaltung und einen herausfordernden Blick. Vielleicht leiten Sie Ihre Großzügigkeit auch mit einem Satz wie diesem ein: „Ich bin mir nicht ganz sicher, ob du es gerade verdient hast, aber ..."

Einschüchterndes Verhalten führt ein Paar zu der existenziellen Frage, wie es mit Verwundbarkeit umgeht. Ein Partner, der gelegentlich einschüchtert, verzichtet lieber auf die eigene Stärke, als die eigene Unschuld zu opfern. Wer zuweilen vom Stachel „Einschüchtern" bedroht wird, entdeckt in der Feindesliebe eine Möglichkeit, Böses mit Gutem zu überwinden.

Wenn Liebende abwerten

Liebe sieht die Möglichkeiten des anderen. Sie will das Beste aus dem anderen herauslieben. Sie gibt sich nicht zufrieden, wenn der geliebte Mensch unter seinen Möglichkeiten bleibt. Diese herausfordernde Seite der Liebe beeinflusst sogar, in wen wir uns verlieben. Die Psychologin Verena Kast schreibt: „In der Fantasie zeigt sich nicht nur, was dieser Partner etwa für mich sein könnte, was ich in ihm sehe, sondern auch meine Vorstellung davon, was er oder sie aus mir herausliebt, welche besten oder schlechtesten Züge er oder sie in mir belebt."[5]

Doch auch eine herausfordernde Liebe muss ihr Maß finden. Denn wir wollen ja jetzt schon geliebt werden, so unvollkommen, wie wir sind, und nicht erst, nachdem wir an uns gearbeitet haben. Zu viel Kritik verletzt und kränkt. Sie greift das Selbstwertgefühl an und macht die Beziehung unsicher.

Auch Abwertungen sind ein Schutzmechanismus. Zu diesem Stachel greifen Partner, wenn sie sich nicht verstanden fühlen, wenn sie sich angreifbar fühlen oder wenn Fürsorge fehlt. Wie sich Abwertungen im gemeinsamen Alltag zeigen, veranschaulichen folgende Beispiele.

---

5 Verena Kast (1984): Paare. Beziehungsfantasien oder wie sich Götter in Mesnchen spiegeln. Kreuz Verlag, Stuttgart. S. 1

Abwerten, um verstanden zu werden. Heiko ist gut organisiert und erledigt daher vieles schnell. Dazu braucht er allerdings sein System und das hat Gitta schon zu Beginn der Ehe durcheinandergebracht. Weil Heiko Gitta nicht dominieren will, besteht er nur in einigen Dingen auf Ordnung. Das ist zum Beispiel seine Startrampe am Morgen: Bad, Müsliecke und Garderobe.
Als Heikos Hand am Föhnhalter ins Leere greift, packt ihn die Wut: „Gitta!!"
„Ja?" Gittas Stimme klingt schon unsicher.
„Ich finde den Föhn nicht!"
„Oh, einen Augenblick, der ist noch im Schlafzimmer." Gitta beeilt sich, aber dieses Zeichen der Unterstützung kommt nicht an.
„Mensch, bei so vielem versuche ich ja schon locker zu sein. Aber kannst du mir dann nicht bei ein paar Dingen entgegenkommen? Ehe ist doch keine Einbahnstraße! Du profitierst doch auch davon, dass ich gut organisiert bin. Bei dir ist es so schnell wieder weg, wenn ich dich einmal um etwas bitte."
Gitta steht da wie ein begossener Pudel. In wenigen Sätzen hat ihr Heiko gleich mehrere Etiketten an die Stirn geklebt: selbstbezogen, gedankenlos, lieblos, gleichgültig. Aus der Mücke eines verlegten Föhns hat Heiko den Elefanten einer Charakterschwäche gemacht. Von einer Unachtsamkeit hat er auf eine falsche Auffassung von Ehe geschlossen.
Heiko kommt es dabei nicht nur auf den Zeitverlust an, den der verlegte Föhn verursacht hat. Er will verstanden werden und in dem unterstützt werden, was ihm wirklich wichtig ist. Dazu setzt er den Stachel „Abwerten" ein. Denn nach diesem Ausbruch achtet Gitta sehr auf den Föhn.

Abwerten, um Schutz zu finden. Bens Umgangsformen sind korrekt, manchmal wirkt er sogar etwas humorlos. Eva-Marie reagiert dagegen spontan und emotional. Wenn sie mit Ben streitet, überlegt sie daher nicht lange, wie fair ihr Verhalten ist. Sie macht ihm auch mal Vorwürfe, unterstellt ihm etwas oder greift ihn persönlich an. Weil Ben dann trotzdem beherrscht und sachlich bleibt, gerät er in die Defensive. Doch irgendwann platzt ihm der Kragen. Dann nimmt er Eva-Maries Art zu streiten aufs Korn: „Das ist doch kin-

disch: Du sagst ‚immer' und ‚nie'. So streitet man doch nicht als Erwachsener. Dir ist es wohl wichtiger, deine Gefühle an mir abzureagieren als eine Lösung zu finden. Ist das deine Art auszudrücken, dass du mich respektierst?"
Eva-Marie ist wie betäubt von Bens Analyse. Ist sie wirklich so unreif und unfair, wie Ben sie darstellt? Ben will Eva-Marie nicht schlechtmachen. Aber er fühlt sich ihren Gefühlen im Streit ausgeliefert und wünscht sich, dass Eva-Marie mehr Rücksicht nimmt.

Abwerten, um Zuwendung zu finden. Heike erwartet gar nicht so viel von Rico. Aber wenn der wieder mal gedankenverloren am Tisch sitzt, dann schmerzt es sie doch, dass er so wenig zugewandt ist. Sie protestiert: „Kann das denn sein, dass es immer an mir hängt, ob wir miteinander ins Gespräch kommen? Manchmal ertrage ich deine Gleichgültigkeit kaum noch. Du weißt doch, wie viel es mir bedeutet, dass wir uns auch im Alltag austauschen. Ich will doch nicht mit einem Fremden am Tisch sitzen. So geht es mir mit keinem anderen Menschen."
Mehr als einen gequälten Gesichtsausdruck bringt Rico nicht zustande. Die Wucht von Heikes Worten macht es ihm ganz unmöglich, sich zu öffnen. Er nimmt sich vor, Heike später in den Arm zu nehmen und das Gespräch zu suchen.
Heike merkt am Abend, dass ihre Botschaft bei Rico angekommen ist. Sie fragt sich: Warum muss ich immer so drastisch werden, bis bei ihm etwas ankommt?

In den Beispielen erkennen Sie die unterschiedlichen Beweggründe, die hinter Abwertungen stehen. Es werden aber auch schon ihre Folgen sichtbar.

Die Folgen von Abwertung

Wer über den anderen urteilt, stellt sich auf einen Sockel. Auch wenn es nicht beabsichtigt ist, lassen Abwertungen das Gefühl entstehen: „Der andere stellt sich über mich und schaut auf mich herab." Abwertungen machen den Partner klein.

Darüber hinaus verunsichern Abwertungen. Wenn wir uns bewertet fühlen, zum Beispiel in einer Prüfung oder bei einem Vortrag vor kritischem Publikum, dann sind wir befangen. Wir fragen uns, wie unsere Worte und unser Verhalten wohl ankommen. Wir kontrollieren uns selbst, sind weniger lebendig und auch weniger authentisch. Auch das lässt sich in Paarbeziehungen beobachten, in denen einer den anderen gelegentlich abwertet: Das Miteinander ist oft etwas angespannt, beide wirken befangen. Wie sich Abwertungen auf Dauer auswirken, hängt auch von der Stressreaktion des anderen Partners ab.

Anpassung. Die Stressreaktion der Anpassung gibt der Abwertung recht, z. B.: „Stimmt. Meine Art zu streiten ist unmöglich." Partner sind manchmal sogar dankbar für die Abwertung, weil diese ihnen scheinbar bei ihrer Entwicklung hilft. Sie verhalten sich dadurch aber wie Mädchen oder Jungs, die es den Eltern recht machen wollen. Aber das lädt den anderen erst recht zu kritischen Rückmeldungen ein. Wer den Abwertungen recht gibt, höhlt außerdem das eigene Selbstwertgefühl aus. Das hilft nicht gerade, dem anderen das Gegenüber zu sein, nach dem sie oder er sich sehnt.

Gegenwehr. Andere Partner kämpfen, wenn sie abgewertet werden. Sie verteidigen, rechtfertigen und erklären sich. Sie hoffen, dass der abwertende Partner sein negatives Urteil zurücknimmt. Verhängnisvollerweise erreichen sie damit aber meist das Gegenteil. Denn durch die Rechtfertigung fühlt sich der andere in den Bedürfnissen zurückgewiesen, die hinter der Abwertung stehen. Abwertende Partner drücken ihre Kritik dann drastischer aus, damit ihr Wunsch vielleicht doch noch ankommt – ein Teufelskreis.

Vermeidung. Sie weicht dem Stachel der Abwertung aus und kennt dabei viele Ausweichmanöver. Vermeidung beschwichtigt („Beruhige dich, Schatz, so schlimm ist das nicht."), macht Witze, tut unwissend („Verstehe ich nicht ...") oder verschiebt („Lass uns ein anderes Mal darüber reden ..."). Vermeidung kokettiert mit der eigenen Schwäche („Ich habe halt ein Unordnungsgen, da kann ich nicht viel machen."). Sie erfüllt den augenblicklichen Wunsch (zum Beispiel durch Aufräumen), ignoriert aber das grundsätzliche Anliegen, das ein negatives

Urteil ausdrückt. So umgeht die Vermeidung Konflikte und hebelt die Abwertung aus. Manchmal resigniert der abwertende Partner und gibt das Kritisieren auf. Das wäre nicht die schlechteste Lösung, würde mit der Resignation nicht ein innerer Abstand zum anderen entstehen.

Abwertung will den anderen dazu bringen, besser auf Bedürfnisse einzugehen. Oft erreicht sie aber das Gegenteil. Beide können hier etwas ändern. Partner, die manchmal abwerten, legen ihren Stachel aus der Hand und finden andere Mittel, um zu erreichen, was ihnen wichtig ist. Partner, die manchmal abgewertet werden, lernen, ihren Kaktus zu umarmen und sich dabei nicht zu verletzen.

Selbstkorrektur: Versöhnen Sie sich mit der Unvollkommenheit

Wenn Ihnen Ihr Partner einmal unfähig oder lieblos vorkommt, dann ist das oft ein Fehlalarm. Vielleicht hat der andere nur ein anderes Timing, auf Ihre Bedürfnisse einzugehen. Vielleicht drückt sie oder er die Zuwendung auch in einer „Liebessprache" aus, die anders ist als Ihre, zum Beispiel „praktische Hilfe" statt „Zeit zu zweit". Manchmal braucht Ihr Partner nur eine Erinnerung, ein wenig Anleitung oder eine Erklärung, um Ihnen zu geben, was Sie brauchen. Ihr Lernweg besteht daher vor allem darin: Sie können sich mit der Unvollkommenheit anfreunden, der jeder in seiner Liebesbeziehung begegnet. Natürlich können wir auch an der Seite eines unvollkommenen Menschen glücklich sein.

Nehmen Sie Unvollkommenheit nicht persönlich

Aus einem Missverständnis könnten Sie die Botschaft heraushören: „Sie/er versteht mich nicht." Oder sogar: „Sie/er will mich nicht verstehen." Eine Unaufmerksamkeit könnte in Ihren Ohren klingen wie: „Ihr/ihm sind meine Bedürfnisse gleichgültig." Wenn sich eine persönliche Schwäche Ihres Partners zeigt, könnten Sie daraus schließen: „Ich bin es ihm/ihr also offensichtlich nicht wert, dass sie/er einmal an sich arbeitet und sich verändert."

Solche Interpretationen nehmen persönlich, was mit Ihrer Person nichts zu tun hat. Denn die Gründe für unaufmerksames Verhalten liegen meist in der Persönlichkeit und Geschichte Ihres Partners. Das zeigt das Beispiel eines Paares, das ich begleitet habe.

Almuth ist viel aufmerksamer als Jörn. Sie hat daher seine Bedürfnisse besser im Blick als umgekehrt. Deshalb hat sie oft gekränkt reagiert, wenn Jörn im Stress war und schlecht auf sie eingehen konnte. Sie war dann enttäuscht und hat ihn kritisiert. Irgendwann wurde Almuth aber deutlich, wie unterschiedlich sie geprägt sind. Sie war die Älteste unter vier Geschwistern und hat daher viel Verantwortung übernommen. Er war der Jüngste in einer vierköpfigen Familie. Dadurch waren immer Personen um ihn herum, die aufgepasst haben. Jörn konnte leichter einmal in den Tag hineinleben, sich gehen lassen und darauf vertrauen, dass sich die anderen um die ernsten Dinge des Lebens kümmern. So kann Jörn heute im größten Chaos Zeitung lesen, was Almuth nie zustande brächte. Jörn schläft auch gut, wenn es gerade viele Belastungen gibt. Am nächsten Morgen ist er ausgeruht und leistungsfähig. Almuth dagegen gehen die Sorgen noch durch den Kopf. Jörns Fähigkeit, sich nicht für alles verantwortlich zu fühlen, hat auch Vorteile. Diese Erkenntnis hat Almuth sehr geholfen. Natürlich schmerzt es sie auch heute noch, wenn Jörn ihre Bedürfnisse nicht wahrnimmt. Sie nimmt es aber nicht mehr persönlich, sondern erinnert Jörn daran, was sie braucht. Darauf geht Jörn dann auch ein.

Wenn Sie Ihren Partner gelegentlich abwerten, dann sind Sie vermutlich etwas disziplinierter, aufmerksamer, verantwortungsbewusster und ernsthafter als Ihr Partner. Sie sind vermutlich auch selbstkritischer und arbeiten härter an sich. Dann hilft Ihnen eine großzügige Haltung und die Einsicht, dass nicht jeder so diszipliniert ist wie Sie. Dafür hat Ihr Partner andere Eigenschaften, die Sie wunderbar ergänzen. Wenn Sie die Unterschiede wahrnehmen, dann nehmen Sie Unvollkommenheit nicht mehr persönlich. Sie schützen sich auch vor falschen Schlussfolgerungen, die Sie an der Liebe des andern zweifeln lassen.

Vertrauen Sie der Liebe

Abwertungen zweifeln an den Fähigkeiten, Absichten oder sogar am Charakter des Partners. Ihr Gegenteil ist daher das Vertrauen. Wer vertraut, rechnet mit dem Guten, auch da, wo es nicht offensichtlich ist. Er überwindet Hindernisse und lässt sich auch durch Rückschläge nicht entmutigen. Vertrauen kann sich in den folgenden Verhaltensweisen zeigen.

Drücken Sie Ihre Gefühle aus. Zeigen Sie, was Sie freut, was Ihnen Angst und Sorge macht, was Sie traurig macht, was Ihnen fehlt und wonach Sie sich sehnen. Geben Sie Ihrem Partner Zeit, sich berühren zu lassen und eine Antwort auf Ihre Gefühle zu finden. Legen Sie Ihren Partner nicht allzu sehr fest, wie er auf Ihre Gefühle reagieren soll. Lassen Sie sich überraschen.

Drücken Sie auch aggressive Gefühle aus, aber behutsam. Manche Gefühle müssen wir gut dosieren, um unseren Partner nicht zu überfordern. Dazu gehören Wut, Ärger und Enttäuschung, die eine Mischung aus Traurigkeit und Wut ist. Zu diesen Gefühlen gehören auch Missgunst – die dunkle Seite des Neides, Hass – die Wut, die etwas oder jemanden zerstören will, Ekel und Ablehnung.

Stellen Sie den aggressiven Gefühlen eine liebevolle Haltung gegenüber und drücken Sie beides zugleich aus:

- „Einerseits bin ich total wütend auf dich, andererseits kann ich gut verstehen, dass du das anders siehst als ich."
- „Ich bin da zwiespältig: Ein Teil in mir gönnt es dir nicht, dass du bei unseren Freunden immer so glänzt, während ich die Arbeit im Hintergrund mache. Ein anderer Teil von mir will gar nicht im Rampenlicht stehen und lässt dich gerne vor."
- „Es gibt eine Seite in mir, die sich schämt, wenn du deinem Chef so nachgibst. Aber andererseits mag ich ja gerade dein diplomatisches Geschick."

Mit Sätzen wie diesen lösen Sie wahrscheinlich keine Abwehrreaktion bei Ihrem Partner aus, sondern geben ihm die Gelegenheit, Sie zu verstehen und auf Sie einzugehen.

Drücken Sie Ihre Bedürfnisse konkret aus. Zum Beispiel so:

- „Ich bräuchte jetzt einfach mal eine Umarmung von dir."
- „Ich brauche jetzt ein paar Worte, die mich aufbauen."
- „Ich habe gerade unwahrscheinlich Lust auf dich."
- „Mein Tag war bisher ein Albtraum. Könntest du mir heute vielleicht die Küche abnehmen?"

Wenn Sie Ihre Bedürfnisse auf diese Weise ausdrücken, haben Sie viel eher Erfolg, als wenn Sie zum Beispiel kritisch sagen: „Du umarmst mich so selten." Natürlich wird es Ihr Partner nicht immer schaffen, sofort auf Ihre Bedürfnisse einzugehen. Aber selbst wenn Ihr Gegenüber nur jedes zweite Mal positiv reagiert, gewinnen Sie viel und spüren die Bereitschaft und Liebe Ihres Partners.

Machen Sie anschaulich, wie es Ihnen geht. Vieles lässt sich am besten in Bildern ausdrücken:

- „Ich fühle mich wie ein ausgetrockneter Schwamm."
- „Nach unserem Streit komme ich mir manchmal so vor, als wäre ich durch ein Dornengestrüpp gerannt. Alles tut mir weh."
- „Manchmal komme ich mir vor wie ein Außerirdischer, wenn du so verständnislos guckst."

Es ist gar nicht leicht, das Innenleben eines Menschen verständlich zu machen. Wenn das Maler, Songwriter oder Schriftsteller versuchen, dann nutzen sie vor allem eines: treffende Bilder. Ihr Partner wird Sie immer besser verstehen, je mehr Verständnishilfen Sie geben.

Zeigen Sie Wertschätzung, wenn etwas gut läuft. Wenn Sie nicht allzu kritisch sind, können Sie in vielem, was Ihr Partner tut und sagt, Zeichen der Liebe erkennen. Wertschätzung ist dann wie eine Empfangsbestätigung. Gleichzeitig zeigen wir, was uns guttut, und ermuntern unseren Partner, dieses Verhalten immer wieder zu zeigen. Vielleicht ist dem anderen gar nicht bewusst, wie schön für uns die kleinen Berührungen im Alltag sind. Wenn wir das einmal wertschätzend ansprechen, wird es dem anderen bewusst und er kann dieses Zeichen der Liebe häufiger schenken.

Ein Vertrauen, das sich in den richtigen Worten und Gesten zeigt, wird in der Liebe nicht oft enttäuscht. Wahrscheinlich werden Sie aber auch einmal ein Bedürfnis haben, das Ihnen zwar wichtig ist, Ihr Partner aber beim besten Willen nicht stillen kann. Zur Liebe gehört dann auch, die Begrenztheit des Partners anzunehmen.

Versöhnen Sie sich mit dem Unvermögen

Junge Liebende erliegen häufig einem Irrtum. Sie blicken auf die Schwächen ihres Partners und denken sich: „Das bessert sich im Lauf der Zeit." Manchmal trifft eine solche Erwartung auch ein: der andere reift, lernt, arbeitet an sich und überwindet so die eine oder andere Schwäche. Manche Schwächen gehören aber zum Charakter wie der Schatten zum Licht. Sie verändern sich ein ganzes Leben nicht, sie schwächen sich nur je nach Lebensumständen ab oder verstärken sich sogar. Den anderen dann über Jahre für seine Schwäche zu kritisieren, würde der Liebe schaden.

Ein Gebet, das sich die Anonymen Alkoholiker zu eigen gemacht haben, kann hier eine Hilfe sein: „Gott, gib mir die Gelassenheit, Dinge hinzunehmen, die ich nicht ändern kann, den Mut, Dinge zu ändern, die ich ändern kann, und die Weisheit, das eine vom anderen zu unterscheiden." Wenn eine Schwäche im Charakter Ihres Partners verankert ist, dann gehört sie zu den Dingen, die nicht zu verändern sind. Sie sollten sie besser akzeptieren. Bei folgenden Themen sind Partner manchmal besonders herausgefordert, sich mit den Schwächen des andern zu versöhnen:

- Manche Partner haben sehr wenig Ehrgeiz. Sie genießen das Leben so, wie es ist, statt sich unentwegt anzustrengen. In den Augen eines ehrgeizigeren Partners wirkt es dann so, als ob der andere nichts aus sich mache oder sogar das Niveau des gemeinsamen Lebens nach unten ziehe. Was liegt hier näher, als diesen Partner anzustacheln, damit er sich in Bewegung setzt? Auch wenn Sie im gemeinsamen Alltag sicher einige Kompromisse aushandeln können, werden Sie an der grundlegenden Lebensphilosophie Ihres Partners kaum etwas ändern können.

- Andere Partner können sich vor Leid nicht gut schützen. Sie handeln manchmal undiplomatisch und impulsiv. Dafür zahlen sie einen Preis und ziehen den anderen auf die eine oder andere Weise in ihr Leiden mit hinein. Das könnte für Sie zum Anlass werden, den anderen zu ermahnen, vor den Folgen seines Verhaltens zu warnen oder seine Probleme immer neu zu analysieren. Aber auch ein unvorsichtiger Lebensstil kann eine charakterliche Konstante sein: Manche Menschen leben einfach intensiver, sie erfahren mehr Leid, aber nicht selten auch mehr Glück.
- Wieder andere Partner leben moralisch nicht so hoch stehend. Sie denken nicht so viel an andere, sie orientieren sich etwas weniger an moralischen Regeln oder vernachlässigen ihre Spiritualität. Falls Sie das bei Ihrem Partner beobachten, haben Sie ihm sicher schon moralischen Nachhilfeunterricht erteilt. Hat das geholfen? Wenn nicht, akzeptieren Sie diese Schwäche lieber. Auch Großzügigkeit, Selbstlosigkeit und moralische Korrektheit kann man als Begabung sehen, wie anderen Sportlichkeit, Musikalität oder handwerkliches Geschick in die Wiege gelegt ist. Manchen ist Moral eben in größerem, anderen in kleinerem Maß geschenkt.

Diese drei Charaktermängel, wenn man sie so bezeichnen mag, kommen meiner Erfahrung nach häufiger vor. Es ließen sich noch viele andere Charakterschwächen beschreiben, die einen Menschen ein ganzes Leben lang prägen und gegen die es nicht anzukämpfen lohnt. Akzeptieren heißt natürlich nicht, dass Ihnen die Schwäche Ihres Partners nicht gelegentlich wehtut. Aber dies ist bei Liebesbeziehungen ein Preis, den wir alle hin und wieder zahlen müssen.

Die folgenden Gedanken helfen Ihnen, sich mit der Unvollkommenheit Ihres Partners zu versöhnen: Zum einen steht der Begrenztheit Ihres Partners sehr viel Gutes gegenüber, womit Sie Ihr Partner berühren, bereichern und beschenken kann. Manchen Mangel und manche Beeinträchtigung verschmerzen wir außerdem schnell, wenn wir uns einmal dazu entschlossen haben, sie zu akzeptieren. Vieles, was uns fehlt oder was uns stört, können wir in anderen Lebensbereichen ausgleichen, zum Beispiel in einer Freundschaft, in Hobbys, in unserem Beruf oder einer guten Sache, für die wir uns einsetzen.

Vielleicht machen Sie dabei auch eine paradoxe Erfahrung. Erst Ihre Akzeptanz gibt Ihrem Partner einen Anstoß zur Veränderung. Dies habe ich bei Paaren schon häufiger beobachtet: Ein Partner war durch die Erwartung des anderen entmutigt oder blockiert. Erst ein Gefühl von Annahme hat es dann möglich gemacht, den eigenen Lebensstil kritisch zu betrachten und zu überlegen, in welche Richtung er sich entwickeln soll.

In diesem Abschnitt haben Sie Wege kennengelernt, wie Sie gelassen auf die Unvollkommenheit Ihres Partners reagieren. Sie erhöhen dadurch zugleich die Chance, in der Liebe das zu finden, was Sie zu Ihrem Glück brauchen. Nun betrachten wir den Weg, den derjenige gehen kann, der sich gelegentlich mit dem Stachel der Abwertung konfrontiert sieht.

Umarmen Sie den Kaktus

Manche finden sich in der folgenden Situationen wieder: „Mein Partner denkt, es reicht, wenn ich mich bessere, und überlässt es mir, dieses Buch zu lesen." In dieser Haltung drückt sich natürlich auch eine Abwertung aus. Häufig reicht es aber schon, wenn sich einer allein auf den Weg macht. Das führt die Beziehung aus mancher Sackgasse heraus. Außerdem macht jede Veränderung neugierig. Wer weiß, vielleicht gewinnen Sie Ihren Partner mit der Zeit für die Lektüre, selbst wenn er es anfangs nicht für nötig hält.

Die Auswirkungen des Stachels „Abwerten" habe ich schon beschrieben. Zum einen tut er weh und verletzt besonders Ihr Selbstwertgefühl. Daher stellt sich Ihnen die Herausforderung, die Wunden gut zu versorgen oder dem Stachel auszuweichen, bevor er sich in Ihre Seele bohrt. Zum andern entsteht durch Abwertungen oft ein Gefälle in der Beziehung: Sie kommen sich schlechter, weniger leistungsfähig oder weniger moralisch vor als Ihr Partner. Dann stellt sich eine zweite Herausforderung, nämlich Ihrem Partner ebenbürtig zu bleiben. Wie das gelingen kann und wie Sie Ihrem Kaktus dennoch Liebe zeigen, darum dreht sich dieser Abschnitt.

Nehmen Sie Abwertungen nicht persönlich

Ihr Partner mag Sie negativ bewerten oder mit Worten verletzen, doch der eigentliche Gegner sitzt in Ihrem Inneren. Das muss ich erläutern: Nehmen wir an, Sie waren immer gut in der Schule und waren auch in Ausbildung oder Studium erfolgreich. Wenn Ihr Partner nun behauptet, Sie seien begriffsstutzig, was wird das bewirken? Fast nichts. Sie ärgern sich höchstens, dass Ihr Partner so unfreundlich mit Ihnen umgeht.

Nehmen wir aber an, Sie hatten einen schlechten Start in der Schule, vielleicht eine Lese-Rechtschreib-Schwäche. Sie mussten Ihr geistiges Potenzial auf Umwegen entfalten. Dann wird Sie das Etikett „begriffsstutzig" sehr verletzen. Denn eine innere Stimme gibt Ihrem Partner recht: „Ja, du weißt ja selbst, dass du Dinge nicht so schnell kapierst wie andere."

Die Abwertung Ihres Partners kann Sie also nur dort treffen, wo Sie sich selbst negativ bewerten und wo Ihr Selbstwertgefühl noch schwach ist. Natürlich wäre es wünschenswert, dass Ihr Partner gerade auf solche wunden Punkte Rücksicht nimmt. Aber wenn er es einmal nicht tut, dann trainieren Sie Ihr Selbstwertgefühl. Suchen Sie die innere Stimme, die der Abwertung zustimmt. Solche Stimmen können so klingen:

- „Ich kann wirklich nicht gut auf die Bedürfnisse anderer eingehen. Es muss nervig sein, mit mir zusammenzuleben."
- „Ich brauche zu lange, um Entscheidungen zu treffen, und dann entscheide ich oft auch noch falsch."
- „Ich trete tatsächlich fast in jedes Fettnäpfchen."

Nun suchen Sie auch eine großzügige, wertschätzende Bewertung, die Ihr Selbstwertgefühl wieder aufrichtet. Bewerten Sie sich so, wie es eine gute Freundin oder ein guter Freund tun würde. Wertschätzende Bewertungen müssen nichts beschönigen, klingen aber dennoch anders:

- „An dieser Stelle habe ich wirklich übersehen, was mein Partner braucht. Aber meistens bin ich ein feinfühliger und fürsorglicher Mensch."

- „Ich brauche manchmal tatsächlich etwas, um mich zu entscheiden, und mein Partner trifft vielleicht häufiger auf Anhieb die richtige Entscheidung. Trotzdem sind meine Entscheidungen doch meistens okay und ich kann gut mit dem Ergebnis leben."
- „Als spontaner Mensch blamiere ich mich vielleicht ein wenig häufiger als andere, aber erstens stört das keinen, zweitens mögen andere meine Art und drittens kommt es trotzdem nicht oft vor, dass ich wirklich in ein Fettnäpfchen trete."

Sie werden bald bemerken, um wie viel leichter Sie mit verletzenden oder abwertenden Worten zurechtkommen, wenn Sie die negativen Stimmen in Ihrem Inneren entdecken und korrigieren.

Verletzend ist allerdings nicht nur, was Ihr Partner sagt, sondern allein schon die Tatsache, dass Ihr Partner etwas Negatives über Sie sagt. Hier liegt eine weitere Möglichkeit, Abwertungen nicht persönlich zu nehmen. Denn sie sind eine Stressreaktion, die auf einer verzerrten Wahrnehmung beruht. In entspannten Situationen würde Sie Ihr Partner zum Beispiel niemals „begriffsstutzig" nennen und empfindet Sie auch nicht so. Aber wenn eine Situation an ihren oder seinen wunden Punkt rührt, dann verändert sich die Wahrnehmung. Ihrem Partner erscheinen Abwertungen als ein geeignetes Mittel, um auf bestimmte Bedürfnisse aufmerksam zu machen. Nehmen Sie die Abwertung dann nicht so ernst, sondern wenden Sie sich dem zu, um das es eigentlich geht: um verwundete Gefühle und frustrierte Bedürfnisse.

Sehen Sie das Kind im andern

Wenn Sie sich die Eltern Ihres Partners vor Augen führen, dann erkennen Sie vielleicht sofort, unter welchem Unvermögen Ihr Partner als Kind gelitten hat. Häufig waren es Eltern, die äußerlich gut für ihr Kind gesorgt haben, was Essen, Kleidung, frische Luft und Spielgelegenheiten angeht. Emotional dagegen haben sie ihrem Kind nicht immer das gegeben, was es gebraucht hätte: Verständnis, Trost, Unterstützung oder anderes, was Ihr Partner für seine Entwicklung gebraucht hätte.

Es könnte aber auch sein, dass die Eltern Ihres Partners überaus fähige Menschen sind. Dann hat es ihnen an Einfühlungsvermögen gefehlt. Die Eltern haben viel Gutes und Richtiges getan, das aber nicht gut auf die Bedürfnisse des Kindes abgestimmt. Ein Kind fühlt sich dann nicht verstanden und daher oft unwohl mit dem, was die Eltern tun. Es kann sich aber kaum verständlich machen, weil am Verhalten der Eltern ja alles korrekt ist.

In den folgenden Kindheitsgeschichten entdecken Sie vielleicht Ihren Partner wieder.

Das Mädchen und der Junge, die nicht verstanden wurden. Oft ist es uns wichtiger, in unseren Wünschen verstanden zu werden, als dass sich ein Wunsch sofort erfüllt. Deshalb frustriert es uns, wenn wir nicht verstanden werden und ein anderer nicht auf uns eingeht. Das macht wütend, aber auch einsam. Denn wer nicht verstanden wird, bleibt allein mit dem, was er im Tiefsten empfindet und braucht.

Wenn das eine Kindheitserfahrung Ihres Partners war, können schon kleine Unaufmerksamkeiten an diesen wunden Punkt rühren. Wenn das geschieht, ist Ihr Einfühlungsvermögen gefragt. Sehen Sie hinter der Abwertung das Bedürfnis oder Gefühl, aus der sie entspringt:

- „Du fühlst dich gerade nicht unterstützt, oder?"
- „Es hat dich verletzt, dass ich nicht daran gedacht habe?"

Manchmal müssen Sie sicher auch nachfragen, um den anderen zu verstehen:

- „Erkläre doch noch mal. Wie hast du das empfunden?"
- „Tut mir echt leid, ich habe wirklich noch nicht verstanden, was du in dieser Situation von mir erwartet hast."

Und dann hören Sie erst mal aufmerksam zu. Natürlich müssen Sie nicht jeden Wunsch erfüllen oder jede Sichtweise teilen. Aber Verständnis ausdrücken sollten Sie und den Bedürfnissen Ihres Partners zumindest kompromisshaft entgegenkommen. Sie werden sehen: Die Situation entspannt sich schnell. Von Ihrem angeblichen Unvermögen ist gar nicht mehr die Rede. Vielleicht entschuldigt sich Ihr Partner sogar für die Überreaktion.

Das Mädchen oder der Junge, die Schutz brauchen. Vielleicht wirkt Ihr Partner gar nicht schutzbedürftig. Schließlich kann er ganz schön austeilen und tritt vielleicht überlegen auf. Aber jeder Mensch braucht Schutz. Wer ausdrückt, dass er nicht mehr kann, oder Zeichen von Stress zeigt, den sollte man schützen. Oft besteht der Schutz darin, den Partner eine Weile in Ruhe zu lassen. Viele Paare finden aus einem Streit nicht rechtzeitig heraus. Es kommt dann zu einer Überreizung des Nervensystems. Schutz bedeutet dann vor allem, mit dem Streit aufzuhören, wenn der andere nicht mehr kann. Das kann schon eine Unterbrechung leisten. Es kann aber auch hilfreich sein, erst mal Verständnis für den andern zu äußern und einen versöhnlicheren Ton anzuschlagen. Später kann man dann immer noch auf ein schwieriges Thema zurückkommen.

Vielleicht finden Sie ja heraus, warum Ihr Partner nicht genug geschützt wurde und hier besonders sensibel ist. Oft liegt es an Eltern, die noch gefordert haben oder aggressiv waren, als ihr Kind schon längst überreizt war. In diesem Fall kann eine Abwertung bedeuten: „Ich kann nicht mehr. Greif mich bitte nicht mehr an. Fordere mich nicht auf eine Weise, die mich in Bedrängnis bringt." Das kann zum Beispiel sein, wenn Ihr Partner Ihre Art zu streiten kritisiert.

Das Mädchen oder der Junge, denen Zuwendung fehlt. Häufig ist auch ein Mangel an Zuwendung Grund für die Abwertung: Dann haben Ihrem Partner als Kind vielleicht Aufmerksamkeit gefehlt, Zärtlichkeit, Zuhören und Interesse, Zeit mit den Eltern, Hilfe oder auch Wertschätzung. Neben dem Mangel erleben Kinder dann häufig auch eine Kränkung: „Ich bin meiner Mutter / meinem Vater nicht so viel wert, dass sie/er mehr für mich da ist."

Auch dieser innere Film kann sich dann bei Ihrem Partner heute noch abspielen, wenn Sie einmal unaufmerksam sind oder Ihren Partner tatsächlich einmal zu kurz kommen lassen. Schenken Sie Ihrem Partner dann, was er gerade braucht, so gut Sie es eben können. Natürlich bringt Sie eine Abwertung nicht gerade in die Stimmung, sich Ihrem Partner zuzuwenden. Aber das wird Ihnen trotzdem gelingen, wenn Sie das vernachlässigte Mädchen oder den vernachlässigten Jungen hinter der Abwertung sehen.

Nun können Sie hinter einer Abwertung auch das Mädchen oder den

Jungen sehen, die unter dem Unvermögen eines Elternteils gelitten haben. Dann wird Ihnen die Abwertung weniger als ein persönlicher Angriff erscheinen, sondern vielmehr als ein Signal, dass es Ihrem Partner gerade nicht gut geht. Trotzdem tut jede Abwertung weh. Deshalb gebe ich Ihnen noch einige Hilfen, wie Sie sich schützen können.

Ziehen Sie der Abwertung den Stachel

Zunächst empfehle ich Ihnen einige Dinge *nicht* zu tun, weil sie zu unnützen Diskussionen oder auch in Teufelskreise führen können:

- Erklären, verteidigen und rechtfertigen Sie sich nicht lange. Auch wenn der Drang dazu manchmal so stark werden kann wie ein Juckreiz, wird Ihr Partner Ihre Erklärungen als selbstbezogen erleben, denn die drehen sich ja um Ihre Person und nicht um die Bedürfnisse, Gefühle und Sichtweisen Ihres Partners.
- Kritisieren Sie Ihren Partner nicht für seine Abwertung oder für die Überheblichkeit seines Urteils. Denn dann dreht sich bald eine Spirale gegenseitiger Kritik.

Stattdessen können Sie sanft vermitteln: „Wir können über alles reden, aber nicht auf jede Weise. Abwertungen sind nicht in Ordnung für mich." Dazu stehen Ihnen viele Kommunikationsmöglichkeiten zur Verfügung.

Erinnern Sie an die Regeln der Fairness:

- „Schatz, das ist nicht fair, dass du mich jetzt so schlecht machst, oder?"
- „Kannst du das nicht sagen, ohne mich so durch den Kakao zu ziehen?"
- „Sag mal, wenn wir beide entspannt sind, würdest du mich bestimmt nicht ‚ewiges Opfer' nennen. Kannst du das nicht in einer Weise sagen, die mir gegenüber fair ist?"

Offenbaren Sie Ihre Reaktion auf die Abwertung:

- „Das verletzt mich, wenn du das so sagst."
- „Wenn du so drastisch wirst, komme ich mir vor, als wäre ich in deinen Augen nichts wert und als hättest du jede Achtung vor mir verloren."

Beschreiben Sie die Folgen der Abwertung:

- „Wenn du mich so schlecht darstellst, dann überlege ich nur noch, wie ich mich verteidigen kann. Aber dann kann ich dir nicht mehr zuhören."
- „Wenn du mich so hinstellst, als wäre ich begriffsstutzig, dann werde ich wütend und würde mich am liebsten lange von dir zurückziehen. Das wäre aber nicht gut."

Schmieden Sie ein Bündnis gegen die Abwertung:

- „Ich weiß, du hast es bestimmt nicht böse gemeint. Aber dein Satz: ‚Du verhältst dich wie deine Mutter', der hat mich richtig getroffen. Ich weiß, das könnte mich jetzt noch tagelang beschäftigen. Kannst du mir nicht helfen, das ein wenig zu entschärfen?"
- „Ich glaube, ich habe verstanden, was du meinst. Jetzt fühle ich mich aber wie ein gerupftes Huhn, als wäre gar nichts Gutes an mir übrig. Könntest du mich jetzt noch mal irgendwie spüren lassen, dass du mich auch schätzt?"

Kündigen Sie eine Konsequenz an:

- „Ich finde, du bist so drastisch in deinem negativen Urteil über mich. Das steht dir nicht zu. Wenn du so weitermachen möchtest, dann mache ich jetzt eine Pause und wir reden weiter, wenn du wieder wertschätzend mit mir reden kannst."

- „Ich fühle mich nicht mehr wohl, wenn du so heftige Sachen über mich sagst. Ich weiß, dass das ein Reizthema ist, aber trotzdem möchte ich nicht so abgewertet werden. Vielleicht kannst du das jetzt ändern, wenn nicht, dann möchte ich über dieses Thema nur noch sprechen, wenn jemand dabei ist, der uns unterstützen kann."

Sie haben also eine Menge an Möglichkeiten, sich gegen eine Abwertung zu wehren. Sie reichen von einer sanften Konfrontation bis zu einer bestimmten Zurückweisung. Am besten versuchen Sie es natürlich zuerst mit einer sanften Gegenwehr. Aber es gibt Ihnen Sicherheit, sich zur Not auch noch steigern zu können.

Mit den Empfehlungen dieses Kapitels wird Ihnen der Umgang mit dem Stachel „Abwerten" leichterfallen. Von hier aus können Sie den Lebensthemen auf den Grund gehen, die hinter dem Schutzmechanismus der Abwertung stehen.

Aus den Quellen des Glaubens schöpfen

Wenn wir das Thema Abwerten spirituell betrachten, dann stoßen wir auf ein existenzielles Problem: In unserem Leben klafft fast immer eine schmerzliche Lücke zwischen Ideal und Wirklichkeit. Ganz gleich, welchen Maßstab wir an uns anlegen, immer werden wir unseren Maßstäben nur annäherungsweise gerecht und manchmal scheitern wir an ihnen.

In einer Paarbeziehung stellt sich diese Frage von zwei Standpunkten aus. Wenn Sie andere gelegentlich abwerten, lautet sie: „Wie gehe ich damit um, wenn meine Partnerin / mein Partner sich in einer Weise verhält, die nach meinen Maßstäben weder gut noch richtig ist?" Und wenn Sie gelegentlich mit Abwertungen konfrontiert sind, stellt sich Ihnen die Frage: „Was mache ich, wenn ich den Maßstäben meines Partners nicht genüge?"

Weil dies auch weltanschauliche Fragen sind, können wir hier aus den Quellen des Glaubens schöpfen. Die existenzielle Frage dieses Kapitels stößt zum Kern des Glaubens vor. Denn wir scheitern alle an den Maßstäben, die alle ethischen Entwürfe und alle Weltreligionen fordern: Selbstlosigkeit, Ehrlichkeit und Wahrhaftigkeit, Liebe und

Mitgefühl, Standhaftigkeit und Tapferkeit. Selbst Menschen, die mit größter Intensität versuchen, ein gutes Leben zu führen, wie das zum Beispiel der junge Mönch Martin Luther getan hat, stehen früher oder später vor der Tatsache, dass sie den eigenen Maßstäben nicht genügen.

Wenn Gott uns Menschen nicht nur frustrieren und quälen will, muss er sich hier etwas einfallen lassen, um uns aus unserem Ungenügen zu befreien. Nach christlicher Auffassung hat Jesus eine Antwort gegeben, die das menschliche Scheitern beendet. Theologisch genauer müsste man sagen: Jesus verkörpert diese Antwort. Leider hat die Kirche diese Antwort immer wieder vergessen und die befreiende Botschaft verstummen lassen. Stattdessen hat sie wieder Maßstäbe aufgerichtet und Glaubende an ihnen scheitern lassen. Die Antwort Jesu auf das Nicht-Genügen hat natürlich viele Auswirkungen auf das Leben und auf die Spiritualität. Wir beschränken uns hier auf die Auswirkungen, die sie für Paarbeziehungen haben kann.

Wenn Liebe mehr zählt als Perfektion

Ein Gleichnis Jesu beinhaltet eine starke Konfrontation von abwertendem Verhalten. Wir finden sie im berühmten Gleichnis vom Verlorenen Sohn, das eine interessante Nebenhandlung hat. Auf die Haupthandlung haben wir im Kapitel über den Stachel „Blenden" schon zurückgegriffen: Ein Sohn hat sich vorzeitig sein Erbe auszahlen lassen und sein Geld verschwendet. Er kehrt hungrig, aber einsichtig auf das Landgut seines Vaters zurück. Der Vater nimmt ihn mit offenen Armen wieder auf und ruft ein großes Fest aus. Damit ist das Gleichnis Jesu, das uns im 15. Kapitel des Lukasevangeliums berichtet wird, schon fast am Ende.

Doch es gibt noch einen zweiten Sohn; der bleibt dem Fest fern. Als der Vater nach ihm sieht, rechnet dieser Sohn sowohl mit dem heimgekehrten Bruder als auch mit dem Vater ab. Über den jüngeren Bruder urteilt der Ältere: „Er hat dein Hab und Gut mit Huren verprasst." Ob dies nun zutrifft oder eine Übertreibung ist, darüber erhalten wir im Gleichnis keine Hinweise. Aber selbst wenn es den Tatsachen entspräche, wäre es eine Abwertung des Bruders, wenn man seine Sehnsucht, seinen Aufbruch und sein Scheitern nur auf den Punkt einer Unmoral bringt. Aber auch mit dem Vater rechnet der ältere Sohn ab: „So viele Jahre diene ich dir und habe dein Gebot noch nie übertreten. Mir hast du nie einen Bock gegeben, damit ich mit meinen Freunden fröhlich sein kann." Der Vater steht nun da wie ein gleichgültiger und hartherziger Mann. Er korrigiert das negative Urteil seines Sohnes: „Alles, was mein ist, ist dein." Offenbar hat dieser Sohn in seinem angestrengten Wohlverhalten nie bemerkt, wie großzügig sein Vater ist, und dies auch nie in Anspruch genommen. Schließlich versucht der Vater, auch das negative Urteil über den Bruder zu korrigieren: „Denn dieser dein Bruder war tot und ist wieder lebendig geworden, er war verloren und ist wiedergefunden." In den Augen des Vaters zählen Liebe und Mitgefühl mehr als moralisches Wohlverhalten.

Jesus umarmt mit diesem Gleichnis die Gescheiterten und konfrontiert zugleich die Selbstgerechten. Wenn Sie Ihren Partner abwerten, dann sind Sie in der Rolle des älteren Bruders. Sie mögen mit Ihrem Urteil im Recht sein und zugleich setzt Sie ein Mangel an Mitgefühl ins Unrecht.

Auch wenn es Sie überraschen mag, sagt es auch etwas über Ihre Gottesbeziehung aus, wenn Sie Ihren Partner abwerten. Denn wie wir gesehen haben, entspringt Ihre Abwertung einem Gefühl von Mangel und Unbehagen, das sich einstellt, wenn Sie auf die Unvollkommenheit Ihres Partners treffen. Ihre Überreaktion zeigt, dass Sie Gott nicht zutrauen, sich um Ihren Mangel oder Ihr Unbehagen zu kümmern. In diesem Augenblick ist Gott für Sie so fern und gleichgültig, wie der ältere Bruder seinen Vater in dem Gleichnis erlebt. Aber aus einer spirituellen Perspektive ist Gottes Zuwendung größer als jede Unvollkommenheit Ihres Partners. Was Gott Ihnen an Glück, Trost, schönen Erlebnissen und schöpferischen Möglichkeiten schenken will, kann selbst der unvollkommenste Mensch nicht verhindern.

Oft wird sich Gottes Zuwendung gerade durch Ihren Partner ausdrücken, durch all das Gute und Schöne, das er in Ihr Leben bringt. Aber manchmal werden Sie Gott auch bitten müssen, Ihnen in einem Mangel zu helfen, den Ihr Partner verursacht, oder Ihnen über etwas Störendes hinwegzuhelfen, das Ihr Partner Ihnen zumutet. Wo Sie Gott bitten und dann vertrauensvoll abwarten, werden Sie überraschende Erfahrungen machen, wie Sie schon viele Glaubende gemacht haben. Vielleicht müssen Sie auch die Orte aufsuchen oder die

Tätigkeiten aufnehmen, bei denen Sie eine stärkere Verbundenheit mit Gott erleben und bereits gute spirituelle Erfahrungen gemacht haben.

Ihr Partner stößt derweil von einer anderen Seite auf das gleiche spirituelle Thema.

Seien Sie fröhlich unvollkommen

Wenn Ihnen Ihr Partner gelegentlich die Wertschätzung entzieht, dann schöpfen Sie diese doch aus den Quellen des Glaubens! Das schützt Sie in Momenten der Abwertung. Es schützt Sie aber auch vor einer unangenehmen Folge, die Ihr Partner nicht unbedingt beabsichtigt: einem Gefühl, nicht zu genügen, sich bessern und mehr anstrengen zu müssen.

Manche Menschen können dem unendlichen Wohlwollen glauben, mit dem Gott auf uns Menschen sieht. Sie stützen ihr Selbstwertgefühl auf die wertschätzende Liebe Gottes, gerade dann, wenn menschliche Wertschätzung einmal ausbleibt. Doch andere sind in einem überkritischen Elternhaus aufgewachsen. Deshalb ist ihr Gottesbild von den Erfahrungen im Elternhaus bestimmt: Gott wirkt auf sie stets kritisch, nie zufrieden und findig, was die Fehler und Mängel von uns Menschen angeht.

Doch genau gegen dieses verzerrte Gottesbild hat Jesus mit seinem Leben und seiner Lehre angekämpft. Er kämpft auch gegen die Religiösen, die das Bild eines stets kritischen Gottes aufrichten. Jesus ging mit Menschen so wertschätzend und respektvoll um, dass er in einen starken Gegensatz zu der religiösen Führung geriet. Eine Begebenheit veranschaulicht dies so gut, dass sie bereits im Kindergottesdienst zum festen Repertoire gehört.

Im 19. Kapitel seines Evangeliums berichtet Lukas, wie Jesus auf den Zolleintreiber Zachäus trifft. Der ist zwar reich, hat aber in der jüdischen Gesellschaft jedes Ansehen verloren: Er ist kleinwüchsig und steht schon damit im Verdacht, bei Gott nicht gut angesehen zu sein. Denn Krankheit und körperliche Mängel wurden damals als Strafe Gottes gesehen. Als Kollaborateur mit der römischen Besatzungsmacht und als einer, der hauptberuflich mit Geld umgeht, gilt der Zöllner aber ohnehin als „Sünder“. Zu alledem betrügt er, wie er später selbst zugibt. Doch gerade für ihn unterbricht Jesus seine Reise, lässt sich von ihm einladen und genießt seine Gastfreundschaft. Das führt natürlich zu Unzufriedenheit bei den Religiösen. Jesus begründet sein Verhalten lapidar: „Auch er ist Abrahams Sohn." Er gehört dazu. Jesus fügt den Ausgeschlossenen so wieder in die Gemeinschaft ein. Er erinnert an den unverlierbaren Wert, den jeder Mensch hat, gleichzeitig verleiht er durch seine Zuwendung eine Wertschätzung, die mehr wiegt als jeder Mangel des Zolleintreibers. (Dass Zachäus daraufhin sein Leben verändert, ist Folge der Annahme, nicht ihre Bedingung.)

Jesus wird die Liebesgeschichte, die Gott mit dem Volk Israel begonnen hat, auf die ganze Menschheit ausweiten: „Jeder ist von Gott geschaffen, jeder gehört dazu, jeder ist die Liebe und Zuwendung Gottes wert, keiner ist dafür zu schlecht oder zu ungenügend." Dadurch stiftet er ein fröhliches Verhältnis zu unserer eigenen Unvollkommenheit.

Aber was ist mit Situationen, in denen Menschen schuldig werden oder anderen etwas schuldig bleiben, auch in ihrer Paarbeziehung? Was ist mit der Selbstsucht, Bosheit, Feigheit und Bequemlichkeit, die bei jedem Menschen sichtbar werden, wenn der Druck nur groß genug wird? Soll man das alles unter den Teppich kehren? Diese Frage führt zu jenem Teil der biblischen Botschaft, die sich vielleicht am allerschwersten erschließt: Jesus weiß auch schon in der Begegnung mit Zachäus, wo sein Lebensweg enden wird: am Kreuz. Dort nimmt er – so die theologische Deutung seines Kreuzestodes – stellvertretend alle Konsequenzen auf sich, die unser Unvermögen nach sich zieht: Er trägt Schmerz, Beschämung, Gottesferne und Tod, um den Menschen davon zu befreien. Seither finden Menschen am Kreuz Jesu Vergebung, die Wiederherstellung ihrer Selbstachtung, die Befreiung von der eigenen Selbstsucht und einen Neubeginn in ihrem Verhältnis zu Gott. Aus theologischer Sicht liegt hierin der tiefste Grund, warum Menschen ein entspanntes Verhältnis zu ihrer Unvollkommenheit haben dürfen.

In einer Paarbeziehung kann sich das in folgenden Haltungen zeigen:

- „Ja, ich habe dadurch Zeit verloren. Aber Gott hat unser Leben im Blick. Er wird uns nichts verpassen lassen, was wirklich wichtig für uns ist. Dass Ernst so hart über mich urteilt, ist daher übertrieben. Auch wenn ich ihn verstehen kann, lasse ich mich dadurch nicht aus dem Gleichgewicht bringen und schon gar nicht zur Büßerin machen."
- „Die Kritik von Mechthild hat ja einen wahren Kern: Ich habe hier nicht ganz korrekt gehandelt. Aber wir alle müssen täglich aus der Vergebung leben, Mechthild auch. Ich lerne gerne aus meinen Fehlern, aber das moralische Urteil weise ich zurück. Ein besserer Mensch als ich ist Mechthild auch nicht. Auch sie braucht meine Vergebung und Großzügigkeit."

Auch wenn Sie das Ihrem Partner gegenüber vielleicht nicht aussprechen, kann diese spirituelle Haltung Ihr Selbstwertgefühl schützen. Sie schützt auch Ihre Unbefangenheit, weil Sie trotz Unvermögen wertvoll und liebenswert sind und Ihren Partner beschenken können. So lädt der Glaube die einen dazu ein, Unvollkommenheit zu akzeptieren, und den anderen, in die eigene Unvollkommenheit fröhlich einzuwilligen.

Wenn Liebende vermeiden

Liebe schiebt manchmal beiseite, was die Harmonie gefährden könnte. Sie umgeht Situationen, in denen es Probleme geben könnte. Vorsichtige Liebe wacht über das gemeinsame Leben. Sie möchte ein Paar vor Frust, Peinlichkeit oder überfordernden Situationen bewahren. Vermeiden kann also ein Ausdruck von Liebe sein. Doch wie weit soll die Vorsicht gehen? Wann wird ein Harmoniewunsch zur Konfliktvermeidung? Wann engt zu viel Vorsicht das gemeinsame Leben ein? Und wann bringt die Vermeidung den anderen auch um schöne Erfahrungen?

Wenn die Vermeidung zu weit geht, steht sie im Dienst eines Schutzmechanismus, der sich in der Lebensgeschichte eines Partners entwickelt hat. Mit ihm befasst sich dieses Kapitel. Dass auch Nichtstun manchmal wehtut, zeigen die folgenden Beispiele.

Vermeiden, um nicht überfordert zu werden. „Wenn es so etwas gäbe, wäre Bernd ein Erwartungsallergiker", sagt Petra und wischt sich Blätterteigkrümel von den Lippen. Frauke kaut noch. Sie zieht fragend die Augenbraue hoch.

„Na ja, wenn ich irgendetwas von Bernd will, reagiert er allergisch. Er findet meine Urlaubspläne zu anstrengend, glaube ich. Aber statt mit mir zu reden, vermeidet er das Thema Urlaub ganz. Ich bin doch die Letzte, die ihm meine Vorstellungen aufzwingen würde. Mit mir kann man doch Kompromisse finden, oder?"

„Natürlich kann man das", pflichtet Frauke ihr bei. „Sprich ihn doch einmal darauf an."
„Auf sein Ausweichen?"
„Ja."
„Ich kann mir schon vorstellen, wie Bernd reagiert. Er wird ironisch lächeln und sagen: ‚Gut, dass wir mal darüber reden.' Und dann verhält er sich so, dass beim besten Willen kein ernstes Gespräch möglich ist. Ich muss dann oft selbst lachen."
„Also mich würde das verrückt machen", gesteht Frauke, „wenn man nicht mal Klartext reden kann."
„Ja, ich weiß auch nicht. Bernd kann ja total süß sein und geht so gut auf mich ein. Aber manchmal habe ich auch das Gefühl, dass wir mit angezogener Handbremse unterwegs sind. Er zögert und es geht einfach nicht vorwärts."

Vermeiden, um Aggression zu entgehen. Schon seit Wochen hat Isabella keine Lust mehr auf Sex. Kai hat schon ein paarmal nachgefragt, um herauszufinden, was los ist. Doch Isabella weiß es selbst nicht so genau. Aber eines kann sie beobachten: Wenn Kai einmal seinen sexuellen Frust zeigt, dann entfernt sie sich innerlich sehr weit von ihm. Ihr ganzer Körper sträubt sich gegen die Vorstellung von Sex. Statt offen zu ihrer Unlust zu stehen, begnügt sich Isabella mit indirekten Zeichen. Schon kurz vor ihren Tagen postiert sie die Tampons gut sichtbar im Bad. Zu andern Zeiten trägt sie den alten, grauen Pyjama aus der Zeit der Schwangerschaft auf oder zieht sich früh mit einem Krimi ins Bett zurück. Gleichzeitig fürchtet sie, was sich bei Kai in der Zwischenzeit zusammenbrauen könnte. Deshalb zieht sie sich vorbeugend innerlich vor ihm zurück.

Auch in der glücklichsten Beziehung gibt es einmal Situationen, in denen man ein wichtiges Bedürfnis des anderen nicht stillen kann und daher den Frust des anderen auf sich zieht. Doch dieser Situation fühlt sich Isabella nicht gewachsen. Sie trifft – wie wir später noch genauer sehen werden, auf einen wunden Punkt von ihr. Vor Kais möglichem Frust schützt sich Isabella durch Vermeidung, was die Situation natürlich nur noch angespannter macht.

Vermeiden, um eine diffuse Angst zu bannen. Keine Familie, die Vera kennt, hat so hohe Rücklagen wie ihre eigene. Falco ist extrem in seinem Sicherheitsbedürfnis. Auch sonst ist er sehr vorsichtig. Manche Länder würde er niemals bereisen. Wenn Vera im Dunkeln öffentliche Verkehrsmittel benutzen will, wird Falco nervös. Oft hat er sie schon gedrängt, das Auto zu nehmen. Vera weiß, dass Falco sie beschützen will. Trotzdem fühlt sie sich durch seine Vorsicht eingeengt.

Vermeiden, um Schuldgefühlen zu entgehen. Seit Marlies Assistentin der Geschäftsleitung ist, zieht sie sich von Jochen zurück. Sie hat zu wenig Kraft übrig fürs Privatleben und ist oft unausgeglichen.
„Was stimmt denn nicht?", fragt Jochen.
„Ach, es ist alles in Ordnung."
„Irgendwie sieht das aber nicht so aus. Es ist Wochen her, dass du mich das letzte Mal spontan umarmt hast. Und wenn wir etwas zusammen machen, geht das gerade nur von mir aus."
„Das wird sich schon wieder ändern", hofft Marlies. „Wenn ich mal eingearbeitet bin und meinen Rhythmus gefunden habe."

Warum macht es sich Marlies so schwer? Sie spürt, wie unausgeglichen sie ist. Sie ist schneller gereizt als sonst, kann nicht mehr so gut zuhören und weniger auf Jochen eingehen. Marlies fühlt sich schuldig, weil sie Jochens Bedürfnissen nicht mehr gerecht wird. Um dieses Schuldgefühl nicht ständig zu spüren, zieht sich Marlis zurück und hofft, dass Jochen etwas anderes zu tun hat.

In den unterschiedlichen Beispielen haben Sie gesehen, wie sich Partner durch Vermeidung schützen. Betrachten wir nun, welche Folgen die Vermeidung haben kann.

Die Folgen von Vermeidung

Zunächst enttäuscht es natürlich, wenn ein Partner Konflikten aus dem Weg geht, sich zurückzieht oder vor bestimmten Aktivitäten zurückschreckt. Doch was beide Partner oft nicht bemerken: Vermeidungsverhalten verringert auch den Halt, den der andere in der Beziehung findet. Der andere hängt wieder in der Luft und kann dadurch weniger Geborgenheit erfahren: Wenn ein Konflikt zwar da ist, aber nicht ausgetragen werden kann, macht das unsicher. Rückzug weckt auch das Gefühl, im Stich gelassen zu werden, vielleicht gerade dann, wenn man den anderen am meisten brauchen würde. Und wenn eine unbestimmte Angst gemeinsame Aktivitäten verhindert, dann regiert sie als unheimliche Dritte in die Beziehung hinein.

Je nachdem, wie der betroffene Partner reagiert, wirkt sich Vermeidung unterschiedlich auf die Beziehung aus.

Anpassung. Der Schutzmechanismus der Anpassung identifiziert sich mit der Angst des andern und erspart dem ängstlicheren Partner, dass es unangenehm werden könnte. Auch wenn das liebevoll gemeint ist, leistet der andere damit eine Beihilfe zur Vermeidung. Sie lässt die Fluchtmechanismen als gut und normal erscheinen. Der vermeidende Partner fühlt sich zwar wohl und verstanden. Doch die Angst gewinnt im gemeinsamen Leben immer mehr Macht. Wenn mir Paare ihre Geschichte erzählen, zeigt sich: Das Vermeidungsverhalten hat sich über Jahre verstärkt, gerade weil der andere so verständnisvoll war. Doch insgeheim werden auch verständnisvolle Partner unzufrieden, weil sie auf manches verzichtet haben und das Geben und Nehmen oft nicht ausgeglichen war.

Vermeidung. Was geschieht, wenn der Stachel „Vermeiden" vom andern ebenfalls mit Vermeidung beantwortet wird? Diese verhängnisvolle Übereinstimmung ist ein häufiger Grund, der Paare in eine Ehetherapie führt. Vieles im gemeinsamen Alltag funktioniert und ein Paar versteht sich gut. Aber beide vermeiden einen wichtigen Bereich, in dem es einmal schwierig geworden ist: Einer hat sich vom Sex zurückgezogen, der andere hat dies widerspruchslos akzeptiert. Oder einer hat sich verschlossen und der andere gibt sich damit zufrieden, dass man nur noch über Themen spricht, die keinen persönlich betreffen. Andere Paare treffen sich nur noch bei den wenigen Aktivitäten, in denen sie genug Gemeinsamkeiten haben – wo sie aber unterschiedlich sind, geht jeder allein seinen Interessen nach. Der andere ist einem durch den gemeinsamen Alltag zwar vertraut, aber doch irgendwie fremd geworden. In einer solchen Situation geschieht es leicht, dass sich einer in eine Dritte oder einen Dritten verliebt. Viele Seitensprünge, mit denen sich mir Paare anvertraut haben, hatten diesen Hintergrund. Aber auch wenn das gemeinsame Vermeiden nicht so dramatische Folgen hat, kann ein Paar unter der schwindenden Gemeinsamkeit leiden.

Kampf. Manche Partner gehen gegen das Vermeidungsverhalten an. Sie lassen nicht locker, bestehen auf Gespräch und bestimmten Unternehmungen. Manchmal stellen sie den Partner in seiner Ängstlichkeit bloß. Dadurch lässt sich der andere oft wieder auf Aktivitäten ein, die er vermieden hat. Manche sind sogar dankbar für den Druck: „Ich brauche ab und zu einen Tritt in den Hintern." In anderen Situationen blockiert der vermeidende Partner aber, weil der Druck ein Gefühl von Überforderung noch verstärkt. Manchmal macht der Druck auch kreativ und das Vermeidungsverhalten wird ausgefeilter: Wo sich ein Partner früher dem Gespräch entzogen hat, lässt er sich heute darauf ein, spricht aber in einer so vernebelnden Weise, dass der andere am Ende nur verwirrt ist. Das Vermeidungsverhalten findet nun auf einer subtilen kommunikativen Ebene statt.

Durch diese Analyse könnte die Situation hoffnungslos erscheinen. Denn wenn man die Vermeidung weder unterstützen, noch gewähren lassen und auch nicht bekämpfen sollte, was bleibt einem dann noch? Der Partner, der gelegentlich vermeidet, muss zwar herausgefordert, aber zugleich vor Überforderung geschützt werden. Das führt Sie auf eine Gratwanderung, die ich im übernächsten Abschnitt genauer beschreibe. Aber zuerst wenden wir uns den Schritten zu, die Sie gehen können, wenn Sie selbst in der Liebe gelegentlich vermeiden.

Selbstkorrektur: Lassen Sie die Liebe stärker sein als die Angst

„Manchmal bestimmt Angst mein Verhalten." Schon dieses Eingeständnis kann ein wenig peinlich sein. Doch wir leben in einer Zeit, in der Empfindsamkeit kein Mangel ist. In Film und Literatur sind heute nicht die Furchtlosen wahre Helden, sondern die, die ihrer Angst ins Auge sehen und diese überwinden. Wenn Angst Ihr Lebensthema ist, haben Sie außerdem längst gelernt, gegen diese anzukämpfen. Dadurch haben Sie sich manche Spielräume für Ihr Leben erobert.

Auf Ihrem Weg werden Sie entdecken: Mutige Menschen können sich oft gut schützen: Sie laufen den Unarten schwieriger Menschen nicht ins Messer. Sie sehen Gefahren voraus und vermeiden unnötige Risiken. Gerade das gibt ihnen Sicherheit, sich Situationen zu stellen, in denen ihnen auch Unvorhergesehenes und Gefährliches begegnen kann. Natürlich müssen Sie sich vor Ihrem Partner nicht fürchten. Aber auch in einer emotionalen Bindung können überfordernde, verletzende und sehr unangenehme Situationen entstehen, vor denen Sie sich in Sicherheit bringen sollten. Daher wird Sie dieser Abschnitt sowohl anleiten, wie Sie sich schützen können, als auch dazu, wie Sie den bedrohlichen Seiten der Liebe begegnen können.

Lernen Sie sich ausreichend zu schützen

Auch in einer Paarbeziehung beginnt Sicherheit mit dem Wissen, dass Sie Ihre Grenzen zur Not verteidigen können. Wenn Sie eine der folgenden Fragen verneinen müssen, dann fehlt Ihnen an dieser Stelle Sicherheit:

- Wenn Ihnen Witze, Bemerkungen oder Kritik einmal zu viel werden, können Sie Ihren Partner dann dazu bringen, damit aufzuhören?
- Wenn Sie einmal mit Zärtlichkeit oder Intimität nicht weitergehen möchten, können Sie dann Nein sagen und ein Nein auch durchhalten?
- Wenn sich Ihr Partner einmal im Ton vergreift oder sich auf eine andere Weise unfair verhält, können Sie sich dann so wehren, dass Sie hinterher zufrieden sind?
- Wenn Sie Ihr Partner einmal zu etwas bewegen will, was Sie wirklich nicht wollen, können Sie dann einer Überredung standhalten?

Es kann Ihre Partnerin oder Ihr Partner sein, der Sie dazu bringt, Ihre Grenzen überschreiten zu lassen, zum Beispiel wenn sie oder er ein wenig dominant ist. Es könnte aber auch Ihr eigenes Gewissen sein, das Ihre persönlichen Grenzen preisgibt. Beides führt aber zu einer Angst, dass Sie in kritischen Situationen nicht für Ihr Wohlbefinden sorgen können. Natürlich lassen wir uns alle einmal aus Liebe auf etwas ein, worauf wir keine Lust haben. Wir begleiten unseren Partner zu einem Besuch, dem wir wenig abgewinnen können. Wir schlafen vielleicht mit dem andern, auch wenn wir nicht in der Stimmung dazu sind. Wir geben unserem Partner die Gelegenheit, seinen Zorn zu zeigen, auch wenn das ungemütlich ist. Aber für all das gibt es eine Grenze, die wir nicht öffnen können, ohne Gewalt gegen uns selbst auszuüben. Wir würden in einen inneren Zustand geraten, der bedrohlich und sehr unangenehm ist. Und genau daraus entsteht Vermeidungsverhalten. Deshalb ist es so wichtig, dass Sie Ihre Grenzen erkennen und vertreten können, wenn es einmal notwendig ist.

Zunächst müssen Sie Ihr Nein vor Ihrem eigenen Gewissen vertreten. Das gelingt am besten mit folgendem Argument: „Wenn ich jetzt Nein sage, dann bin ich in Zukunft offener, berührbarer, lebendiger und kompromissbereiter, als wenn ich jetzt etwas mit mir geschehen lasse, bei dem ich mich absolut nicht wohlfühle. Wenn ich meine Grenze nicht schütze, verschließe ich mich und ziehe mich immer öfter zurück."

In einem zweiten Schritt müssen Sie Ihr Nein auch Ihrem Partner gegenüber vertreten. Er wird natürlich nicht immer begeistert sein, sondern auch einmal wütend, enttäuscht, frustriert oder entmutigt reagieren. Aber so geht es Ihnen sicher auch umgekehrt einmal, wenn Ihr Partner Ihnen einen Wunsch nicht erfüllen kann. Oft vergeht nur eine kurze Zeit, bis der Haussegen wieder gerade hängt.

Vielleicht fehlt Ihnen auch die Übung, wie Sie ein Nein in guter Weise vertreten. Vielleicht müssen Sie sich etwas Zeit nehmen, um geeignete Worte zu finden: „Ich muss erst mal in mich gehen, um sicher zu sein, wie ich darüber denke und was ich dazu empfinde. Können wir heute Abend weiter darüber sprechen?" Später genügt es, Ihren Standpunkt mit einfachen Worten wie den folgenden einzunehmen:

- „Damit fühle ich mich nicht wohl."
- „Es ist noch vieles unklar im nächsten Jahr. Ich möchte mich einfach jetzt noch nicht auf einen Urlaub festlegen."
- „Ich fühle mich bloßgestellt, wenn du so ironisch über mich redest."
- „Wenn du etwas so häufig erwähnst, macht mir das Schuldgefühle und ich komme innerlich unter Druck."

Spüren Sie die Autorität einfacher Worte. Achten Sie darauf, wie sich Ihr Partner von Ihnen leiten und beeinflussen lässt. Auch wenn noch kein Kompromiss in Sicht ist, halten Sie die Spannung gegensätzlicher Positionen ruhig ein wenig aus. Manchmal braucht es Zeit, bis auf beiden Seiten eine Bewegung entsteht. Wenn es um verhandelbare Dinge geht, schließen Sie einen Kompromiss, aber so, dass Sie sich dabei in der Mitte treffen oder mal der eine, mal der andere nachgibt. Bleiben Sie bei Ihrem Nein, wenn es um unverhandelbare Dinge geht, also um etwas, das Sie nur mit Gewalt gegen sich selbst tun oder zulassen könnten. Mit jedem notwendigen Nein, das Sie vertreten, wächst Ihre Geborgenheit in der Beziehung. Ihre Angst verringert sich und Sie müssen immer seltener zu Vermeidungsverhalten Zuflucht nehmen.

Beginnen Sie klein und bleiben Sie dran

Auch wenn Sie im Allgemeinen kein ängstlicher Mensch sind, haben Sie sicher schon entdeckt: Angst ist eine Macht, die unser Verhalten unter ihre Kontrolle bringt. Wir nehmen uns vor, etwas anzugehen, und tun es dann trotzdem nicht. Unser Sicherheitsbedürfnis hat sich einfach durchgesetzt. Vielleicht glauben Sie sogar, Sie hätten selbst die Entscheidung getroffen: „Ich habe es mir anders überlegt." Dabei war es die Angst, die Ihre Gedanken umgepolt hat, bis diese in Einklang mit Ihrem Sicherheitsbedürfnis waren.

Haben Sie in einem der folgenden Bereiche ein starkes Sicherheitsbedürfnis und vermeiden Sie deshalb manche Dinge?

Finanzen. Brauchen Sie mehr Rücklagen, um sich wohlzufühlen? Sind Sie deutlich vorsichtiger in finanziellen Entscheidungen und auch sparsamer als Ihr Partner? Oder benötigen Sie ein wesentlich höheres Einkommen, um sich sicher zu fühlen, als Ihr Partner dies braucht?

Krankheiten. Achten Sie wesentlich mehr auf einen Schutz vor Ansteckung als Ihr Partner? Vermeiden Sie bestimmte Restaurants oder Reisen in bestimmte Länder aus Angst vor Krankheiten?

Mögliche Katastrophen. Ziehen Sie bei Unternehmungen in Betracht, ob Sie vielleicht einen Unfall erleiden, ausgeraubt werden oder in ähnliche Notlagen geraten könnten? Hat dies schon zu Konflikten geführt, weil Ihr Partner sich von Ihrem Sicherheitsbedürfnis eingeschränkt gefühlt hat?

Soziale Ängste. Begegnen Sie nicht gerne fremden Menschen? Haben Sie Mühe, öffentlich zu sprechen? Oder scheuen Sie Konflikte, um beispielsweise in einem Geschäft etwas zu reklamieren?

Wenn etwas aus dieser Liste auf Sie zutrifft, dann beginnen Sie doch mit Ihrem persönlichen Angstbewältigungsprogramm. Wählen Sie sich eine erste Situation als Übung und fangen Sie dabei mit einem geringen Schwierigkeitsgrad an, zum Beispiel: „Ich werde bei dieser Party auf eine Person zugehen, die ich noch nicht kenne, und mit ihr ein Gespräch beginnen." Dabei kommt es nicht auf besondere Erfolgserlebnisse an, etwa dass Sie ganz souverän auftreten oder sich dabei wohlfühlen. Vielmehr geht es um die Fähigkeit, auch dann etwas angehen zu können, wenn es unangenehm oder beunruhigend ist. Wenn Sie immer wieder üben, dann bestimmt nicht mehr die Angst über Sie, sondern Sie selbst bestimmen, ob Sie etwas tun oder lassen, auch wenn es einmal mit Angst verbunden ist.

Wenn Sie erste kleine Schritte gegangen sind, werden immer weitere möglich, selbst Schritte, die Sie sich anfangs gar nicht zugetraut hätten. Vielleicht sind die Ängste, die ich bisher in diesem Abschnitt aufgezählt habe, gar kein Thema für Sie. Es sind vielleicht eher die unangenehmen Situationen, die in Ihrer Paarbeziehung entstehen können: Druck, Überforderung, Schuldgefühle, Verletzungen, Vorwürfe und persönliche Angriffe – also alles Dinge, die auch in der besten Beziehung einmal vorkommen, wenn sich Spannungen aufbauen und entladen.

Auch wenn Sie in Ihrer Partnerschaft mit Vermeidung reagieren, können Sie ein persönliches Training beginnen. Wenn Ihr Partner beispielsweise dafür zuständig war, Probleme anzusprechen, dann nutzen Sie doch die nächste Situation, um selbst einmal den ersten Schritt zu machen und eine Sache zu klären. Oder suchen Sie auch einmal Zärtlichkeit, obwohl noch etwas dicke Luft ist. Dabei werden Sie neue Erfahrungen sammeln und auch in unangenehmen Situationen immer sicherer werden. Dadurch bauen Sie Angst und mit ihr auch Vermeidungsverhalten ab. Ihr Partner wird Sie dabei vielleicht unterstützen. Der nächste Abschnitt zeigt, wie dies gelingen kann.

Fordern Sie Ihren Partner heraus

Einerseits beantwortet man Angst am besten mit Behutsamkeit und Schutz. Wir sollten dem, der mit dem Rücken zur Wand steht, den Bewegungsspielraum nicht weiter einengen. Andererseits erfordert das Vermeidungsverhalten von Ihnen eine starke Präsenz, an der man sich nicht einfach vorbeimogeln kann. Es erfordert eine ausdauernde Konfrontation, damit die Vermeidung nicht attraktiver ist, als ein Problem anzugehen oder sich tiefer auf die Beziehung einzulassen. Das führt Sie in einen Widerspruch: Seien Sie auf harmlose Weise unbequem! Schlagen Sie mit der Kraft einer Zärtlichkeit zu! Fordern Sie Ihren Partner unwiderstehlich behutsam heraus. Wie Sie diese Gegensätze zusammenbringen, damit befassen sich die folgenden Abschnitte.

Werden Sie harmlos

In jeder Liebesbeziehung gibt es Situationen, die Angst machen können. Die Liebe verpflichtet uns zum Beispiel, uns auf Nähe und Intimität einzulassen. Sie fordert uns heraus, unser eigenes Ich loszulassen und in einem gemeinsamen Leben aufgehen zu lassen. In einem gewissen Maß werden wir auch für das Wohl des andern verantwortlich. Außerdem lernen wir die Schattenseiten des andern kennen und seine Schwächen und Nöte aushalten. All dies ist der Preis, den jeder für das Glück der Liebe zahlen muss und diesen können Sie auch Ihrem Partner nicht ersparen.

Manche Bedrohungen sind aber durchaus vermeidbar. Man muss den andern nicht unter Druck setzen, angreifen, beschämen, abwerten, dominieren oder im Stich lassen. Natürlich sind wir alle Menschen und es wird uns hin und wieder passieren, dass wir unseren Partner nicht gut behandeln. Aber wenn Sie wissen, dass für Ihren Partner vieles von der Sicherheit abhängt, die er in der Beziehung erlebt, sollten Sie bedrohliche Verhaltensweisen reduzieren, so gut Sie es können.

Vielleicht haben Sie selbst eher aggressive Schutzmechanismen wie Abwerten, Grenzen überschreiten, Rächen oder Einschüchtern. Dann können Sie ein Gefühl von Geborgenheit verstärken, indem Sie Ihre Stacheln seltener zum Einsatz bringen. Vielleicht neigen Sie aber auch zu defensiven Schutzmechanismen wie Blenden, Energie rauben oder ebenfalls zur Vermeidung. Diese Schutzmechanismen haben gemeinsam, dass sie den andern mit Verantwortung alleinlassen oder dessen Bedürfnisse aus dem Blick verlieren. Wenn Sie sich hier auf eine Entwicklung einlassen, werden Sie für Ihren Partner verlässlicher und verfügbarer. Auch das lässt für Ihren Partner mehr Sicherheit entstehen.

Dabei müssen Sie natürlich keine Heilige oder kein Heiliger werden. Es sind in der Regel nur wenige Verhaltensweisen, die Ihren Partner wirklich bedrohen. In vielen anderen Bereichen ist Ihr Partner robust und erlebt auch dann keine Angst, wenn Sie einmal unüberlegt reagieren. Es lohnt sich aber, herauszufinden, welche Verhaltensweisen es genau sind, von denen sich Ihr Partner bedroht fühlt. Dies gelingt Ihnen durch Fragen wie diese:

- „Wenn es einmal stressig ist zwischen uns, womit bringe ich dich dann am meisten unter Druck?“
- „Gibt es Verhaltensweisen von mir, die für dich manchmal richtig unangenehm sind?“
- „Was müsste ich tun, damit du dicht machst und ich dich in den Rückzug treibe? Das möchte ich natürlich vermeiden.“

Die Antworten Ihres Partners helfen Ihnen dann, ganz gezielt Verhaltensweisen abzubauen, die Sie bedrohlich machen.

Ob Ihr Verhalten für Ihren Partner bedrohlich oder harmlos ist, liegt auch an Ihren Absichten. Wenn Sie gegen das Vermeidungsverhalten Ihres Partners angehen, nur um mit Ihren Bedürfnissen zum Zug zu kommen, kann das bedrohlich sein, auch wenn Sie noch so sanfte Worte wählen. Denn Ihr Partner wird spüren, dass es Ihnen dabei um sich selbst geht, und das wird möglicherweise seinen Selbsterhaltungstrieb aktivieren.

Sie können Ihre Motive prüfen, bevor Sie in eine Auseinandersetzung gehen. Dann werden Sie Ziele finden, die auf das gemeinsame Wohl ausgerichtet sind:

- Meine Partnerin / mein Partner braucht auch Gelegenheiten, um mich zu beschenken und mich glücklich zu machen. Denn das will sie/er ja zutiefst. Dazu gebe ich ihr/ihm eine Gelegenheit, auch wenn es sie/ihn etwas Überwindung kosten wird.
- Wenn sie/er mein Bedürfnis hier auf Dauer gar nicht stillt, werde ich unzufrieden, reizbar oder vielleicht auch bitter. Dann kann ich ihr/ihm nicht der Partner sein, der ich für sie/ihn sein möchte.
- Das Vermeidungsverhalten bringt uns gerade beide um eine schöne Erfahrung, es dient uns beiden, wenn ich hier nicht locker lasse.

Wenn Ihnen der Übergang von selbstbezogenen Motiven zu wir-bezogenen Motiven gelingt, dann ändert sich Ihre innere Haltung. Der gleiche Satz, den Sie aussprechen, wird von anderen körpersprachlichen Signalen begleitet – Ihr Blick verändert sich zum Beispiel oder Ihre Stimme. Was sich vorher vielleicht bedrohlich angehört hätte, klingt in den Ohren Ihres Partners nun ungefährlich. Je sanfter Sie werden, desto mehr Spielräume entstehen für eine kluge Konfrontation.

Bauen Sie eine Spannung auf und halten Sie diese aufrecht

Wenn Ihre Partnerin / Ihr Partner vermeidet, dann denken Sie vielleicht: „Sie/er will einfach nicht.“ Doch das ist nicht ganz richtig. Es ist nur ein Teil Ihres Partners, sein Schutzmechanismus, der sich entziehen will. In Ihrem Partner gibt es immer auch einen anderen Teil, der sich nach Nähe sehnt, der sich ein gutes Miteinander wünscht und der möchte, dass Sie glücklich sind. Und es gibt auch einen verantwortlichen Teil in Ihrem Partner, der genau weiß, was man dem andern in der Liebe schuldig ist. Alle Strategien dieses Abschnittes sprechen nicht den vermeidenden Persönlichkeitsanteil im andern an, sondern den liebenden und verantwortlichen.

Sprechen Sie unangenehme Wahrheiten aus. Diese Strategie beruht auf folgendem psychologischen Hintergrund: Vermeidung tritt in aller Regel doppelt auf: im Verhalten und im Kopf. Denn die Folgen der Vermeidung, ja schon die Tatsache des Vermeidens, müssen aus dem Kopf verbannt werden, damit dieser Schutzmechanismus funktioniert. Wenn Ihr Partner über ein unangenehmes Thema nicht reden möchte, dann hilft das nur, wenn er auch den Gedanken an dieses Thema beiseiteschiebt. Die Vermeidung im Verhalten geht also Hand in Hand mit der Vermeidung im Kopf. Deshalb erschweren Sie die Vermeidung, wenn Sie die unangenehmen Tatsachen gelegentlich in Erinnerung rufen. Dabei müssen Sie gar keine Vorhaltungen machen und auch keinen Druck ausüben. Lassen Sie einfach die Wahrheiten für sich selbst sprechen. Das könnte so klingen:

- „Es gibt etwas, das mir Sorge bereitet. Wir haben schon drei Themen in der Warteschleife, über die ich gerne sprechen würde, für die du aber bisher keinen Kopf hattest: unsere Finanzen, wie wir am besten mit deiner Mutter umgehen und noch ein anderes Thema, das ich noch gar nicht angesprochen habe. Ich habe Angst, dass es irgendwann richtig knallt zwischen uns, wenn wir solche Themen unter den Teppich kehren."
- „Ich frage mich manchmal, was es mit dir macht, wenn du keine deiner Freundschaften mehr pflegst. Irgendwie entfernst du dich von dem kontaktfreudigen Menschen, in den ich mich einmal verliebt habe."
- „Weißt du, ich habe nach wie vor total Spaß mit dir. Aber die Momente, in denen wir uns nahe kommen und tiefer austauschen, die werden immer seltener. Das fehlt mir. Ich finde auch, dass sich unser Sex verändert hat. Wir sind uns auch da nicht mehr richtig nahe. Verstehst du, wie ich das meine?"

Unangenehme Themen werden Sie immer mal wieder in Erinnerung rufen müssen. Drängende Themen können Sie ruhig alle paar Tage wieder einmal ansprechen, bei anderen Themen kann auch mehr Zeit verstreichen, damit sich Ihr Partner nicht unter Druck gesetzt fühlt. Wenn nötig, stehen Sie ruhig dazu, dass Sie manches wiederholt sagen:

- „Ich will dich nicht nerven, aber ich möchte auch nicht untergehen lassen, dass ..."

- „Ich wäre nicht ehrlich, wenn ich nicht ab und zu erwähne, dass ...“

Vielleicht haben Sie dadurch bereits eine Motivation geweckt, die den nächsten Schritt Erfolg versprechend macht.

Sprechen Sie Einladungen aus. Weil wir Menschen zutiefst auf Beziehung angelegt sind, lebt in uns eine starke Sehnsucht, Ja zu sagen, manchmal sogar Menschen gegenüber, denen man sich besser verweigern würde. Auch Einladungen sprechen den liebenden Anteil Ihres Partners an und haben eine starke Zugwirkung. Einladungen sind konkret, lassen dem andern aber Entscheidungsfreiheit. Sie klingen zum Beispiel so:

- „Wäre jetzt für dich ein guter Moment, um über unsere Finanzen zu sprechen? Oder wäre es dir heute Abend lieber?“
- „Schatz, magst du mir nicht mal wieder sagen, was in dir vorgeht und was dich beschäftigt? Du musst ja nicht über alles reden, aber vielleicht über etwas, das du gerade gut erzählen kannst?“
- „Ich weiß, dass gerade mehr zu tun ist, als wir erledigen können. Aber wollen wir uns nicht zusammensetzen und nachdenken, was sich jeder vornimmt und welche Aufgaben gerade am wichtigsten sind?“

Betroffene, die ich beraten habe, waren überrascht, wozu sie ihren vermeidenden Partner gewinnen konnten. Allerdings ist eine Einladung nur dann einladend, wenn der andere auch die Möglichkeit zu einem Nein hat. Daher zeigen Sie bitte keinen Zorn und keine Enttäuschung, wenn Ihr Partner auf die Einladung nicht eingeht. Nehmen Sie sich lieber vor, diese zu einem guten Zeitpunkt zu wiederholen oder andere Strategien dieses Abschnitts einzusetzen.

Entlarven Sie die Ausweichmanöver. Wenn Kinder Vermeidungsverhalten entwickeln, dann auch deshalb, weil Eltern ihren Ausweichmanövern keine Grenzen gesetzt haben. Andernfalls hätte dieser Schutzmechanismus nicht funktioniert. Vermutlich ist es auch nicht ihre Stärke,

Vermeidungsverhalten zu erkennen und zu benennen. Denn Menschen mit dem Stachel „Vermeiden" verlieben sich in aller Regel in Partner, die gegenüber Vermeidungsverhalten tolerant sind. Das dürfen Sie auch weiterhin sein, wo Sie das Vermeiden nicht stört. Wo es Sie allerdings enttäuscht, da können Sie ihm seine Anziehungskraft nehmen, indem Sie es entlarven. Rückzug und Verweigerung lassen sich leicht als Vermeidungsverhalten erkennen. Schwieriger zu bemerken sind andere Ausweichmanöver: innere Distanzierung, vernebelnde Kommunikation, Themenwechsel, sich unwissend stellen oder die Flucht ins Unernste. Mit etwas Übung werden Sie aber auch diese früher und leichter erkennen.

Manchmal hat es schon positive Auswirkungen, wenn Sie die Vermeidung benennen. In anderen Fällen ist es wirksamer, wenn Sie zusätzlich an eine unangenehme Wahrheit erinnern oder eine Einladung aussprechen. In alledem bleibt Ihr Partner frei, wie er reagiert. Aber der Anreiz für das Vermeidungsverhalten verringert sich. Die liebevollen und verantwortungsvollen Seiten Ihres Partners setzen sich leichter durch. Eine liebevolle Entlarvung können Sie so platzieren:

- „Seit wir über deine Mutter sprechen, wirkst du so distanziert, als ob du dich verschlossen hättest. Ist dir das auch aufgefallen?"
- „Normalerweise verstehe ich schnell, was du meinst. Aber gerade verstehe ich nur Bahnhof. Willst du vielleicht gar nicht sagen, was du darüber denkst? Das wäre doch auch okay."
- „Schatz, jetzt hast du schon zum zweiten Mal das Thema gewechselt. Wollen wir nicht noch ein paar Minuten dabeibleiben?"
- „So schwer ist es doch gar nicht zu verstehen, was ich meine. Ist es dir vielleicht unangenehm, was ich mir von dir wünsche?"
- „Du weißt, ich mag deinen Humor. Wenn du aber hier Witze machst, können wir über das Thema gar nicht richtig reden."

Je konsequenter Sie das Vermeidungsverhalten ansprechen, wo es sich zeigt, desto schwerer machen Sie es Ihrem Partner zu vermeiden. Denn der Schutzmechanismus der Vermeidung beruht auch auf einer guten Tarnung.

Gehen Sie kalkulierte Risiken ein

Vermeidungsverhalten kann manchmal hartnäckig sein. Und manchmal betrifft es einen Bereich der Beziehung, den man kaum für unwichtig erklären kann: zum Beispiel das gemeinsame Gespräch, den Sex, gemeinsame Freundschaften, die Gestaltung der Beziehung zu Verwandten oder die Organisation des gemeinsamen Lebens. Dann kommen Sie möglicherweise in ein Dilemma: alle Maßnahmen, die ich in den vorangegangenen Abschnitten beschrieben habe, führen nur zu kleinen Zugeständnissen. Wenn Sie sich damit zufriedengeben, belohnen Sie das Vermeidungsverhalten. Alle stärkeren Maßnahmen könnten die Beziehung verschlechtern. Ohne Risiko ist hier also nichts mehr zu erreichen.

Manchmal bin ich schon Zeuge geworden, wie ein Partner hoch gepokert und vieles erreicht hat. Ein Mann, den ich begleitet habe, hat die Auseinandersetzung mit seinem Vorgesetzten vermieden und blieb dadurch auf zahllosen Aufgaben sitzen. Unter den vielen Überstunden litt seine Frau. Der Mann wollte nicht über das Thema sprechen und war auch noch nicht bereit, sich mit seinem Chef auseinanderzusetzen. Irgendwann tauchte die Ehefrau am Arbeitsplatz auf und machte dem Ehemann vor Kollegen und Vorgesetzten eine Szene. Nun bot der Chef von sich aus ein Gespräch über die Überstunden an und auch der Ehemann öffnete sich zu Hause einer Veränderung. Die Ehefrau ist mit diesem Schritt natürlich ein hohes Risiko eingegangen. Der Mann hätte das Verhalten der Frau auch als Vertrauensbruch empfinden und sich verhärten können.

Es gibt aber auch Konsequenzen, mit denen Sie nur kleine, kalkulierbare Risiken eingehen. Folgende Beispiele könnten Sie auf gute Ideen bringen:

- „Unser Gespräch hat nur noch selten Tiefgang, weil du kaum noch preisgibst, was dich beschäftigt, und oft so wenig Lust zum Reden hast. Mir fehlt das. Wenn das so bleibt, möchte ich im Sommer lieber mit einer Freundin / einem Freund verreisen als mit dir. Du weißt, ich würde das lieber mit dir tun. Aber ich brauche einfach einen guten Austausch, um mich glücklich zu fühlen.“

- „Wenn wir nur noch einmal im Monat miteinander schlafen und das auch nur, weil ich es will, dann möchte ich das auf Dauer nicht ertragen. Vielleicht gibt es ja Gründe, warum du so wenig Lust hast, aber dann lass uns darüber reden oder in eine Beratung gehen. Ich will nicht mehr so körperlos und leidenschaftslos an deiner Seite leben, wie wir es gerade tun. Wenn das so bleibt, dann melde ich mich für einen Tanzkurs an, um mich als Frau / als Mann wieder zu spüren – ohne dich zu betrügen. Aber viel lieber würde ich meine Leidenschaft mit dir ausleben." (Das ist natürlich nur zu raten, wenn Sie sich sicher sind, dass Sie im Fall einer Fremdverliebtheit oder einer verführerischen Situation den Kurs bzw. den Kontakt abbrechen können.)
- „Ich leide unter deinen Überstunden, weil zu Hause so viel liegen bleibt. Ich habe nichts gegen dein Engagement auf der Arbeit, im Gegenteil. Ich bewundere, was du erreichst. Trotzdem kann ich dich zu Hause nicht ganz aus der Verantwortung entlassen. Wenn das so bleibt, dann trete ich in einen Warnstreik und erledige auch meine Aufgaben für dich nicht mehr. Vielleicht muss ich mit den Kindern dann eine Weile zu meinen Eltern ziehen, um das durchzuhalten."

An diesen Beispielen sehen Sie: Es gibt Maßnahmen, die dem Vermeidungsverhalten starke Anreize entgegensetzen. Gleichzeitig sind sie fair und haben das Ziel, die Liebe zu schützen. Aber sie sind auch mit dem Risiko verbunden, dass sich Ihr Partner verschließt und Sie gemeinsam eine Krise durchstehen müssen. Deshalb sollten Sie vorher alle anderen Maßnahmen ausschöpfen, bevor Sie ein Risiko eingehen. Sie können Ihr Beziehungsthema aber auch erst einmal auf eine spirituelle Weise angehen.

Aus den Quellen des Glaubens schöpfen

Alle Überlegungen dieses Kapitels laufen auf eine existenzielle Frage zu: Welches sind die wahren Gefahren im Leben? Welche Risiken sollten wir in Kauf nehmen, um schlimmeren Gefahren zu entgehen? Denn nichts im Leben ist ohne Risiko. Unternehmer, die ein Firmenimperium aufgebaut haben, sind nicht deshalb erfolgreich, weil sie jedes Risiko vermieden haben. Sie sind erfolgreich, weil sie die richtigen Risiken eingegangen sind und die wahren Gefahren gemieden haben.

Jede Weltanschauung lässt sich daher auch befragen, was sie für die wahren Gefahren im Leben hält. Auch der christliche Glaube hat eine Antwort auf diese Frage. Wenn ich versuche, sie zusammenzufassen, würde ich sie so ausdrücken: „Die wahren Gefahren im Leben sind nicht in erster Linie Armut, Krankheit, Leid, Schmerz oder ein schlechtes Ansehen. Die wahre Gefahr besteht darin, am Leben vorbeizuleben: nicht zu lieben, unser Potenzial brachliegen zu lassen oder an Unnützes zu verschwenden. Vor allem aber sind wir in der Gefahr, nur an der Oberfläche dieser Welt zu kratzen, statt ihren Schöpfer zu entdecken und von ihm alles zu empfangen, was wir für unsere Nöte und unser Leben brauchen."

Nicht nur die psychologischen Empfehlungen dieses Kapitels, sondern auch ein spiritueller Zugang lädt Sie ein, vergleichsweise kleine Risiken in Kauf zu nehmen, um so den wahren Gefahren zu entgehen.

Geben Sie eine falsche Unabhängigkeit auf

Wenn Sie gelegentlich vermeiden, dann können Sie folgende Überlegungen vielleicht inspirieren: Ein Kind ist zu Beginn seines Lebens völlig abhängig von seinen Eltern oder von den Bezugspersonen, die es versorgen. Wenn Eltern gut für ihr Kind sorgen, ist diese Abhängigkeit wunderschön, ein Kind fühlt sich umsorgt, geschützt, geliebt, bestaunt und letztlich auch freigesetzt, auf seine eigene Weise die Welt zu erobern. Wenn das Verhalten der Eltern aber immer wieder bedrohlich oder in manchem sogar schädlich war, dann ist die Abhängigkeit von ihnen alles andere als schön. Ein Kind löst sich dann durch Vermeidung aus dieser Abhängigkeit, sobald und wo immer es geht.

Wenn Sie einen solchen Selbstschutz als Kind eingeübt haben, dann vertrauen Sie sich auch heute nicht gerne dem Leben an. Sie wahren lieber Ihre Unabhängigkeit. Sie vertrauen sich nur Situationen an, die Sie überblicken können und über die Sie ein gewisses Maß an Kontrolle haben.

Spirituell gesehen verpassen Sie dadurch das Entscheidende: Denn große Glaubende und Mystiker aller Zeiten bezeugen, dass Gott – seine Nähe, Liebe und Fürsorge und seine Beauftragung – nur für die erfahrbar wird, die einen Vertrauensschritt aus der eigenen Sicherheit heraus wagen. Manche geben dafür materielle Sicherheiten auf wie Franz von Assisi. Andere setzen sich Krankheit und Elend aus wie Mutter Teresa. Wieder andere stehen zu ihren Überzeugungen, auch wenn es gefährlich wird, wie es Martin Luther getan hat. Sie alle haben sich Gottes Schutz, Fürsorge und Wegweisung anvertraut. Es sind Schritte aus der eigenen Unabhängigkeit heraus in eine Abhängigkeit von Gott, aber in eine gute – anders als vielleicht die kindliche Abhängigkeit von den Eltern erfahren wurde.

Jesus verwendet für diese Abhängigkeit ein herausforderndes Bild, das uns im Johannesevangelium zu Beginn des 15. Kapitels überliefert ist. Dort bezeichnet sich Jesus als Weinstock, mit dem seine Schüler verbunden sind wie die Reben, die am Weinstock wachsen. Reben, die sich vom Weinstock trennen würden, erläutert Jesus, würden vertrocknen. Nur wenn sie in der Verbindung mit dem Weinstock bleiben, werden sie ernährt und bringen wohlschmeckende Trauben hervor. Dieser Vergleich gilt natürlich nicht für das biologische Leben der Schüler, sondern für ihr spirituelles Leben. Ihre Inspiration, ihre Energie, ihr Vermögen zu lieben, zu vergeben, für andere da zu sein und etwas Wertvolles im eigenen Leben aufzubauen, das alles sollen sie aus der Gemeinschaft mit Jesus beziehen.

Diese Bibelstelle gehört allerdings zu jenen, deren sich ein religiöser Fundamentalismus bemächtigen kann. Denn wie leicht lässt sich behaupten: Nur wenn du an dieser oder jener religiösen Praxis teilnimmst oder diesen oder jenen Regeln folgst, bist du mit Jesus verbunden. Doch diese Lesart hat Jesus schon den Religiösen seiner Zeit verwehrt und deutlich gemacht, dass ihm scheinbar Ungläubige (Lukas 17,6; Markus 7,25ff; Matthäus 8,5ff) und ganz einfache Menschen mit Herz (Matthäus 25,34ff) oft mehr verbunden sind als die Superreligiösen.

Es sind ganz einfache Dinge, durch die Jesu Schüler die Verbindung mit ihm halten können:

- ihm ihre Bitten und Sorgen anvertrauen;
- das Vorbild und die Worte Jesu im Herzen behalten und das eigene Leben davon bestimmen lassen;
- sich aus jener inneren Verbindung, die Jesus jedem Glaubenden versprochen hat, die Liebe und Kräfte zufließen lassen, die wir benötigen, um unser Leben und unseren Alltag zu bestehen.

Aus dieser guten Abhängigkeit erwächst eine ganz andere Art von Sicherheit, als sie die eigene Unabhängigkeit ermöglicht. Denn Glaubende können sich dadurch auch einmal auf Situationen einlassen, die sie weder überschauen noch kontrollieren können. Wenn es einmal unangenehm wird, schöpfen sie aus einer Verbindung, die weit über die eigenen Kräfte hinaus stärken und helfen kann.

Vorsichtige Partner befähigt das zu mutigen Schritten in ihrer Beziehung. Manchmal sind Konflikte auszutragen, bei denen kein Partner weiß, was am Ende herauskommt und wie ein Paar dann noch zueinander steht. Es braucht den Mut, auch unbekannte Situationen bewältigen zu können, und das Vertrauen, dass die Liebe Unterschiede überwindet, die in einem Konflikt sichtbar werden können.

Manchmal braucht es auch Mut, den Kampf gegen Probleme aufzunehmen, die eine Liebesbeziehung stören, zum Beispiel Ess- oder Alkoholprobleme, eine uneindeutige Beziehung zu einer Kollegin oder einem Kollegen, der Ausstieg aus einem Arbeitsverhältnis, das auf Dauer kaputt macht. Besonderen Mut erfordert es, einer Schuld ins Auge zu sehen oder einen Schaden anzuerkennen, der vielleicht nicht mehr ganz gutzumachen ist. Das erlebe ich zum Beispiel bei Paaren, die sich mit einem Seitensprung anvertrauen. Ein Paar kann die Schuld oder den Schaden verdrängen oder sich diesen stellen, um der erschütterten Beziehung ein neues Fundament zu bauen.

In allen Liebesbeziehungen sind einmal Schritte zu gehen, die so bedrohlich sind, dass wir einen starken inneren Rückhalt brauchen und das Gefühl, in Grenzsituationen des Lebens nicht allein dazustehen. Wenn Sie gelegentlich vermeiden, könnte dies eine spirituelle Herausforderung für Sie sein.

Entdecken Sie Ihre wahre Unabhängigkeit

Wenn Ihr Partner gelegentlich vermeidet, geraten Sie dadurch in eine Abhängigkeit. Denn ein Vermeidungsverhalten wäre kein Vermeidungsverhalten, bliebe Ihnen Ihr Partner nicht irgendetwas schuldig, sei es Gespräch, Intimität, bestimmte Unternehmungen oder gemeinsame Erfahrungen. Diese Abhängigkeit erleben Partner besonders intensiv, wenn der andere selten Lust auf Gespräch, Zärtlichkeit oder Sex hat. Sie kommen sich dann immer mehr wie ein Bittsteller vor, der von der Gnade des andern abhängig ist.

Der Glaube lädt Sie hier zu einer radikalen Sichtweise ein, die Sie in eine Unabhängigkeit führt. Alles Gute, auch die Erfahrungen in einer Liebesbeziehung, kommt von Gott. Was Gott Ihnen schenken möchte, kann Ihnen keiner verwehren, was Gott Ihnen vorenthält, kann auf Dauer niemals einen echten Mangel bedeuten. Auch wenn Gott mit Ihrem Mangel mitfühlt und damit auch keine pädagogischen Absichten verfolgt, entgeht ihm nichts, was in Ihrem Leben geschieht. Ein Mangel öffnet Ihnen spirituelle Quellen, gerade wenn die menschlichen Quellen einmal versiegen.

Jesus hat schon zu Beginn seines Auftretens eine radikale Unabhängigkeit ausgerufen: „Darum sage ich euch: Sorgt nicht um euer Leben, was ihr essen und trinken werdet; auch nicht um euren Leib, was ihr anziehen werdet. Ist nicht das Leben mehr als die Nahrung und der Leib mehr als die Kleidung? Seht die Vögel unter dem Himmel an: sie säen nicht, sie ernten nicht, sie sammeln nicht in die Scheunen; und euer himmlischer Vater ernährt sie doch. Seid ihr denn nicht viel mehr als sie? [...] Darum sollt ihr nicht sorgen und sagen: Was werden wir essen? Was werden wir trinken? Womit werden wir uns kleiden? Nach dem allen trachten die Heiden. Denn euer himmlischer Vater weiß, dass ihr all dessen bedürft“ (Aus der Bergpredigt, Matthäus 6,25-32).

Jesus führt hier in eine Freiheit, was unsere materiellen und körperlichen Grundbedürfnisse angeht. Denn unser Bedürfnis nach Nahrung und Kleidung führt uns in eine Abhängigkeit von unserem Arbeitgeber. Das ist manchmal kein Problem, gelegentlich kommen Menschen aber in dieser Abhängigkeit zu Schaden. Unsere emotionalen Bedürfnisse führen uns in vielfältige Abhängigkeiten von anderen Menschen. Wer die Sorgen für seine Grundbedürfnisse ganz Gott überlässt, macht sich auf radikale Weise unabhängig von anderen Menschen.

In vielen Situationen müssen wir auf eine solche Unabhängigkeit nicht zurückgreifen, weil in unserem Leben alles in Ordnung ist und es uns an nichts fehlt. Aber wenn uns unser Partner einmal etwas Wichtiges vorenthält, kann eine spirituelle Unabhängigkeit eine große Freiheit bedeuten. Ich habe schon viele Menschen begleitet, denen in der Paarbeziehung etwas fehlt. Immer wieder konnte ich beobachten: Der Glaube an Gottes Versorgung läuft nicht ins Leere. Menschen machen überraschende Glaubenserfahrungen. Sie können den Mangel ausgleichen. Oder sie gestalten trotz eines Mangels, der in manchen Momenten schmerzt, ein erfülltes und glückliches Leben.

Diese Unabhängigkeit hat auch einen psychologischen Effekt auf den vermeidenden Partner. Denn dieser hat im Laufe der Beziehung immer mehr Schulden angesammelt, weil er dem anderen etwas schuldig geblieben ist. Doch das Gefühl, etwas gutmachen und aufholen zu müssen, verstärkt ein Gefühl von Überforderung. Es führt nur zu weiteren Blockaden und Vermeidungsverhalten. Wenn der andere aber derweil aus einer spirituellen Quelle schöpft, dann weicht das Gefühl einer Beziehungsschuld. Nicht selten lassen sich vermeidende Partner dann auf etwas ein, gegen das sie sich zuvor gesträubt haben.

Nun fragen Sie sich vielleicht: „Aber kann man dann nicht alles vergessen, was Sie sonst in diesem Kapitel beschrieben haben – all die behutsamen Konfrontationen, die meinen Partner aus dem Vermeidungsverhalten hervorlocken?"

„Nein", würde ich dann antworten. „Tun Sie das alles trotzdem. Aber Ihre Motive werden dabei spirituell verwandelt. Sie konfrontieren Ihren Partner nicht mehr vorwiegend deshalb, weil Ihnen etwas fehlt. Sie konfrontieren ihn um der Liebe willen, weil das Vermeiden dem andern ebenfalls raubt, was er zutiefst braucht. Von der Reinheit der Motive habe ich in diesem Kapitel schon gesprochen. Während die psychologische Empfehlung von selbstbezogenen zu wir-bezogenen Motiven führt, kann eine spirituelle Unabhängigkeit zu einer Selbstlosigkeit führen. Dies kann sogar einen Partner beeindrucken und öffnen, der sich zuvor sehr verschlossen hat.

Wenn Sie beide aus den Quellen des Glaubens schöpfen, findet der vermeidende Partner aus einer falschen Unabhängigkeit in eine gute Abhängigkeit, die innerlich stark macht, sich auch unangenehmen und unberechenbaren Erfahrungen zu stellen. Der Partner, der gelegentlich mit Vermeidungsverhalten konfrontiert ist, findet aus einer unangenehmen Abhängigkeit zu einer guten Unabhängigkeit, die sich in Situationen von Mangel der Fürsorge Gottes anvertraut.

Wenn sich Liebende rächen

Gerechtigkeit ist vielen Menschen wichtig, auch in der Liebe. Doch in unserem Alltag verhalten wir uns nicht immer fair: Einer verletzt den andern, sieht es aber nicht ein. Einer macht es sich bequem – auf Kosten des andern. Einer entscheidet einfach allein und der andere muss sich mit dem Ergebnis arrangieren. Manche Partner stellen Gerechtigkeit dann auf negative Weise her: Sie fügen dem andern auch etwas Unangenehmes zu. Das ist gemeint, wenn wir in diesem Kapitel vom Stachel „Rächen" sprechen. Oft ist er eine Reaktion auf Ohnmacht.

Wenn man dem andern einen Stich versetzt, um ihn zu ändern, kann man auch von Bestrafung sprechen. Deshalb spreche ich in diesem Kapitel manchmal von Rache, manchmal von Bestrafung, je nachdem, ob der Stachel etwas Negatives zufügt, um einen Schaden aufzuwiegen, oder eher eine erzieherische Absicht hat. Rächen ähnelt in manchem Grenzüberschreitungen, die den andern auch in unangenehme Situationen bringen. Die Grenzüberschreitung will aber vor allem Interessen durchsetzen, dabei sind Verletzungen eine Begleiterscheinung. Rache dagegen will verletzen. Auch einschüchterndes Verhalten könnte man mit Rache verwechseln. Es kämpft mit harten Bandagen und kann beim andern Wunden hinterlassen. Hier gibt es vor allem zwei Unterschiede zur Rache: Einschüchterung kämpft offen, während Rache meist verdeckt geschieht. Außerdem gibt die Rache die Situation, um die es geht, schon verloren und sieht sich in der Opferrolle. Höchstens fürs nächste Mal erhofft sie sich eine Besserung. Einschüchterung dagegen will sich hier und jetzt durchsetzen und sieht sich bereits als Sieger. Die folgenden Beispiele erlauben Ihnen einen Blick in die geheime Waffenkammer von Rache und Bestrafung.

Rache aus Verletzung. „Du denkst wohl, du bist der Tolle, was?" Ein Kloß im Hals macht Marlene das Sprechen schwer. Trotz der Tränen guckt sie böse. „Regine hat auch schon eine Bemerkung gemacht, wie selbstherrlich du rüberkommst."
Das sitzt. Arroganz wäre das Letzte, was Siggi an sich akzeptieren könnte. Das weiß Marlene auch. Doch wenn sich Marlene verletzt fühlt, kann sie unerbittlich zurückschießen.
Das habe ich nicht verdient, denkt Siggi. Was habe ich eben bloß falsch gemacht?

Bestrafen, um den andern zu bessern. „Heinz!", ruft ihm Elvira nach, aber da hat ihr Heinz schon den Rücken gekehrt und geht unbeirrt auf den Fahrstuhl zu. Elvira bleibt im Hotelrestaurant mit dem befreundeten Ehepaar zurück. Sie lächelt verlegen: „So ist er halt. Vielleicht bin ich auch zu hitzig gewesen. Das alles tut mir jetzt echt leid."
So richtig gute Stimmung will an diesem Abend nicht mehr aufkommen. Elvira verabschiedet sich früh und folgt Heinz auf das Hotelzimmer. Sie weiß nicht, ob sie wütend sein soll oder besorgt, ob sie ihn zur Rede stellen oder sich entschuldigen soll.
„Was ist denn?", beginnt Elvira. Heinz liegt in Abendgarderobe auf dem Bett und hält sich einen Krimi vor das Gesicht, auf den er sich sicher genauso wenig konzentrieren kann, wie es Elvira gerade könnte.
„Heinz ...", Elvira hängt sein Sakko auf einen Bügel. Dann geht sie zu ihm hin und zieht sanft an dem Buch, bis es sich Heinz aus der Hand nehmen lässt. „Was war denn los?"
„Ihr drei macht eure Ausflugspläne so schnell, dass ich sie nur noch abnicken kann. Ich will aber nicht vier Stunden lang durch die Stadt latschen."
„Dann sag doch was!", fordert Elvira.
„Wie denn?", entgegnet Heinz. „Das geht doch alles zack, zack, zack. Soll ich in die Hände klatschen oder auf den Tisch steigen, um

auch einmal zu Wort zu kommen? Du weißt doch, wie bestimmend Schmids manchmal sind. Und wenn du dann auch noch die Ellenbogen einsetzt, dann ist Polen offen."
„Aber musst du deswegen so beleidigt reagieren?"
„Ich bin nicht beleidigt", behauptet Heinz und klingt beleidigt. „Aber wenn ich nur danebensitze, dann kann ich es mir auch hier gemütlich machen. Ich will doch nicht vor Schmids mit dir streiten."

Heinz ist sich der Konsequenz seines Verhaltens nicht bewusst. Trotzdem zeigt es genau die Wirkung, auf die der Schutzmechanismus abzielt: Denn als der nächste Ausflug besprochen wird, verhält sich Elvira ausgesprochen aufmerksam und fragt Heinz mehrfach nach seinen Wünschen. Auch Schmids beziehen die Vorstellungen von Heinz betont mit ein.

Rache aus Ohnmacht. Wenn Roland nach Hause kommt, gelingt es ihm nicht immer, die Chefrolle abzulegen. Seine Vorschläge klingen daher oft wie Dienstanweisungen, freundlich, aber mit einem Unterton, der selbstverständlich annimmt, dass sich Sabine seinen Wünschen fügt. Auf diese Weise bestimmt Roland den gemeinsamen Alltag. Dass sie sich damit nicht wohlfühlt, merkt Roland manchmal erst am späten Abend. Sabine trägt den formlosen Frotteeschlafanzug aus der Stillzeit und liest. Sie schenkt Roland kaum Beachtung. Auch wenn sich der Abend für eine sexuelle Begegnung gut eignen würde, merkt Roland an Sabines Signalen, dass er es gar nicht erst zu versuchen braucht. Roland denkt dann oft nach, worüber sich Sabine geärgert haben könnte. Oft hat er eine Ahnung, denn schließlich lebt er schon lange an Sabines Seite. Am nächsten Tag verhält er sich in dieser Sache besonders aufmerksam und Sabine zeigt sich wieder zugänglich.

Boykott aus einem Gefühl von Zwang. „Du warst doch jetzt schon eine Stunde lang Radfahren. Wie kannst du dich denn jetzt an den Computer setzen und auf den Sportseiten surfen? Siehst du denn nicht, wie es hier aussieht?" Ute versteht Marcel nicht. Er kommt ihr in solchen Situationen wie ein Teenager vor, den man in die Verantwortung zwingen muss. So falsch liegt Ute mit dieser Vermutung nicht: Marcel ist gerade in eine Art Streik getreten. Er erlebt es als Zumutung, wenn Ute abends die Hausarbeit verteilt und ihm Aufgaben zuweist. Je mehr zu tun ist und je mehr Ute drängt, desto mehr blockiert Marcel. Er nimmt sich demonstrativ Zeit zum Entspannen. Aus seinem Verhalten kann man eine rebellische Botschaft heraushören: „Wenn du mich zwingst, dann mache ich gar nichts mehr."

Diese Beispiele bringen Ihnen nahe, wie sich Rache und Bestrafung in einer Paarbeziehung auswirken. Sie haben vielleicht bemerkt: Es ist gar nicht leicht zu erkennen, dass sich ein Partner gerade rächt oder den anderen bestraft. Trotzdem entfaltet dieses Verhalten seine Wirkung: Durch die Vergeltung entsteht eine Art Ausgleich, und auch ein starker Partner muss klein beigeben. Doch die Probleme, um die es eigentlich geht, werden dabei nicht gelöst. Außerdem haben Rache und Bestrafung unerwünschte Nebenwirkungen für die Liebe.

Die Folgen von Rache

Partner, die mit Rache konfrontiert sind, wollen es gar nicht glauben: Der andere fügt ihnen absichtlich Schmerzen oder Unannehmlichkeiten zu. Das erschreckt. Es passt so wenig zu unserer Vorstellung von Liebe. Betroffene Partner schwanken meist zwischen zwei Extremen: Manche verschließen die Augen vor den Racheakten, andere entlarven sie als gemein oder erpresserisch. Welche Folgen das hat, hängt davon ab, zu welcher der drei grundlegenden Stressreaktionen der andere Partner greift.

Anpassung. Diese Stressreaktion gibt der Bestrafung recht, sie denken sich: „Vielleicht verdiene ich sie, denn ich habe den andern ja tatsächlich gezwungen / in seinen Gefühlen verletzt / übergangen ... Deshalb bessere ich mich nun und beseitige den Grund für den Ärger."

Partner bemühen sich dann um moralische Vollkommenheit. Sie verhalten sich immer korrekter und achten immer mehr darauf, ob ihr Verhalten fair ist. Aber einerseits ist das ziemlich anstrengend, andererseits führt es nun zu einer Ungerechtigkeit zulasten des Partners, der sich um Korrektheit bemüht. Denn der Partner, der ab und zu bestraft, achtet selbst nicht so angestrengt auf Fairness. Oft platzt dem angepassten Partner irgendwann der Kragen und es kommt zu einem Wutausbruch, der jede Korrektheit außer Kraft setzt.

Vermeidung. Diese Stressreaktion ignoriert einfach, dass es sich beim Verhalten des andern um Rache oder Bestrafung handelt. Vermeidende Partner verharmlosen, entschuldigen oder beschönigen das Verhalten des andern: „Er hat sich eben über mich geärgert." Oder: „Sie ist wohl noch sehr verletzt und hat deshalb so reagiert." Vermeidende Partner akzeptieren die Rache also als Kommunikationsmittel.

Das geht aber nur, solange sich ein Paar auf einer oberflächlichen Ebene begegnet. Wenn es tiefer miteinander in Kontakt käme, würde der Stachel der Rache durchaus schmerzen. Dadurch erlebt ein Paar weniger Nähe zueinander.

Kampf. Diese Überreaktion will die Rache entlarven und den rächenden Partner zur Verantwortung ziehen. Auch wenn eine Unzufriedenheit vielleicht berechtigt ist – Bestrafung und Rache sind als Mittel immer ungerecht. Gegen diese Ungerechtigkeit ziehen kämpferische Partner zu Felde. Sie drängen den andern, die Rache einzugestehen. Manchmal hat das einen kurzfristigen erzieherischen Erfolg. Aber zugleich gerät der rächende Partner dadurch noch mehr in die Ohnmacht, die wiederum seinen Stachel reizt. Je entlarvender ein Partner auftritt, desto größer wird für den andern die Versuchung, das bestrafende Verhalten zu tarnen oder einfach nicht zuzugeben. Das alles trägt nicht unbedingt zu einem entspannten Miteinander bei. Es bleibt eine Spannung, die bei kleinen Anlässen schnell wieder Konflikte aufbrechen lässt.

Der Stachel „Rächen" kann also zu unterschiedlichen Entwicklungen in einer Liebesbeziehung führen. Doch ganz gleich, ob der Stachel den andern in eine moralische Korrektheit treibt, die Augen verschließen lässt oder zur Entlarvung reizt, es gibt gute Gründe, andere Wege zu suchen. Wer sich gelegentlich rächt oder den andern bestraft, entdeckt dabei die Macht der Liebe.

Selbstkorrektur: Entdecken Sie die Macht der Liebe

Wenn Sie sich in dem einen oder anderen Beispiel wiedergefunden haben, dann ahnen Sie bereits das Ziel, zu dem Ihr Weg führen wird: Sie sind eingeladen, aus einem Gefühl der Ohnmacht heraus und zu einer Macht zu finden, die sich mit der Liebe verträgt. Weil das Wort „Macht" für viele negativ klingt, verwende ich in diesem Abschnitt oft andere Begriffe: ein liebevoller Einfluss, eine persönliche Autorität.

Ergreifen Sie Ihre Autorität

Sie haben bereits mehr Autorität, als Sie ahnen. Denn Ihrem Partner sind Ihre Meinung und Ihr Wohlbefinden ja wichtig. Wie es Ihnen mit bestimmten Dingen geht, hat Einfluss auf das Verhalten und die Entscheidungen Ihres Partners. Das ist für uns so selbstverständlich, dass es uns gar nicht mehr auffällt. Uns stoßen nur die wenigen Situationen auf, in denen sich unser Partner einmal von unserem Einfluss frei macht und etwas auf unsere Kosten tut.

Im Folgenden stelle ich Ihnen einige Möglichkeiten vor, wie Sie in Ihrer Beziehung zu einer guten Autorität finden. Sie werden sehen, dass Sie einige dieser Einflussmöglichkeiten bereits nutzen. Das stärkt Ihr Selbstbewusstsein und Ihr Gefühl, in Ihrer Beziehung etwas bewirken zu können. An manchen Stellen verzichten Sie vielleicht auf einen Einfluss, der Ihnen zusteht. Dann können Sie Ihre Autorität ausbauen und auf diese Weise für ein faires Gleichgewicht der Kräfte sorgen.

Ihr Vorbild. Alles Gute steckt an. Ihre Großzügigkeit, Ihre Aufmerksamkeit, Ihre Selbstdisziplin – all das wird Ihren Partner im Lauf der Zeit prägen und hat den andern sicher auch schon geprägt. Manchmal muss man sich das nur bewusst machen. Wenn Sie sehr großzügig sind oder sehr zärtlich, wird Ihr Partner vielleicht nicht mit Ihnen gleichziehen. Doch Ihr Partner ist heute sicher zärtlicher oder großzügiger, als er es ohne Ihren Einfluss wäre. Schon wenn Sie Ihren Einfluss bewusster wahrnehmen, wird sich Ihr Stachel „Rächen" seltener regen.

Ihr Standpunkt. Auch wenn Ihr Partner Ihre Sichtweise einmal nicht teilt oder mit einem Wunsch nicht einverstanden ist, ist das noch nicht das Ende Ihrer Autorität. Sie sollten Ihren Standpunkt nun nicht aufgeben. Sprechen Sie immer mal wieder aus, dass Sie in einer wichtigen Sache nicht übereinstimmen. Das erzeugt eine Spannung, die den andern mit der Zeit beweglicher und kompromissbereiter macht. Wenn Sie sich dann in der Mitte treffen, werden Sie Ihren Einfluss spüren.

Das hat Ramona erlebt: Jürgen hat sie lange vor zwei unangenehme Alternativen gestellt: Entweder er hilft ihr auf eine überkritische, bevormundende Weise oder er hilft ihr eben nicht. Das hat Ramona wütend und hilflos gemacht, bis sie ihren Standpunkt selbstbewusst vertreten hat: „Jürgen, ich brauche deine Hilfe, aber bitte so, dass du mich unterstützt und ermutigst. Das kannst du doch, wenn du dich ein wenig bemühst." Jürgen hat zwar ab und zu Rückfälle in sein altes, bevormundendes Verhalten. Doch darauf spricht ihn Ramona dann gleich an. Heute hilft er immer mehr auf eine Art und Weise, mit der sie sich auch wohlfühlt.

Ihre Verhandlung. Vieles lässt sich einigermaßen gerecht regeln, wenn man nur lange genug verhandelt: Staatsverträge, Betriebsvereinbarungen oder Kaufverträge. Auch Beziehungen sind ein Tauschgeschäft, ein zwischenmenschlicher Handel zum gegenseitigen Nutzen. Manche Sozialpsychologen gehen so weit zu behaupten, dass sich alles Wesentliche einer Liebesbeziehung als Austauschgeschäft beschreiben lässt. So weit würde ich nicht gehen. Und doch gibt es in einer Liebesbeziehung viel Gutes, was Partner einander schenken. Das kann Gegenstand von Verhandlungen sein: Bereits Ihre Freude, Ihr Lob, Ihre Zufriedenheit, Ihr Einverständnis und Ihr Wohlwollen sind eine Währung, für die der andere einiges zu geben bereit ist – wie es ja umgekehrt auch zutreffen dürfte. Darüber hinaus bieten sich im gemeinsamen Alltag viele Tauschgeschäfte an:

- „Wenn du am Samstag auf den Sport verzichtest und mir hilfst, halte ich dir den Sonntag dafür frei."
- „Vielleicht hast du ja doch Lust auf einen romantischen Abend, wenn wir am Nachmittag gemeinsam erledigen, was alles zu erledigen ist?"

Vielleicht sind Ihnen Verhandlungen unangenehm, denn wenn der andere nicht gleich einverstanden ist, kann man sich schnell machtlos fühlen. Vielleicht schämen Sie sich auch, sich in Verhandlungen für Ihre Wünsche oder für faire Regelungen einzusetzen: „Ist das nicht kleinlich? Muss man in der Liebe überhaupt verhandeln? Müsste der andere nicht von sich aus auf mich eingehen?" Doch Sie werden auch erleben, wie Verhandlungen zu Ergebnissen führen, mit denen beide glücklich sind.

Ihr Veto. Zur Liebe gehören immer zwei, ob es um Intimität geht, um gemeinsame Unternehmungen, um die Zusammenarbeit im Alltag oder größere Entscheidungen. Daher hat ein Nein einen großen Einfluss, den natürlich keiner missbrauchen darf. Aber Sie müssen auch nicht alles mitmachen, was sich der andere wünscht und vielleicht durchsetzen will. Ein Veto kann so klingen:

- „Nein, so will ich keinen Sex. Du musst dir schon ein wenig Mühe geben, mir vorher nahezukommen. Wenn das heute nicht geht, lass es uns doch verschieben."
- „Ich fahre nicht noch mal in die Berge, jedenfalls nicht mehr so wie im letzten Jahr. Es war schön, aber in diesem Sommer möchte ich auch mal wieder schwimmen und am Wasser liegen."
- „Du wünschst dir noch ein drittes Kind, aber ich komme seit Monaten kaum noch zum Sport oder zu einem netten Abend mit einem Freund. Es ist viel zu viel zu tun. Ich finde, dass es auch daran liegt, dass du für vieles ziemlich hohe Maßstäbe hast. Lass uns doch mal schauen, was wir vereinfachen oder weglassen können. Sonst kann ich mir einfach keine größere Familie vorstellen."

In allen Beispielen finden Sie ein faires Veto, das kein Druckmittel und keine Erpressung ist, sondern nur eine angemessene Autorität ergreift. Jeder darf das gemeinsame Leben mitgestalten und den wenigen, unaufgebbaren Dingen treu bleiben, die zur eigenen Persönlichkeit gehören. Auch ein Veto verhindert, dass sich Ihr Partner auf Ihre Kosten durchsetzt – ein weiterer Grund, der Ihren Stachel „Rächen" verzichtbar macht.

Allerdings gibt es in der Liebe auch Erfahrungen von Ohnmacht und Ungerechtigkeit, die sich gar nicht vermeiden lassen. Manches, was geschehen ist, liegt bereits in der Vergangenheit und lässt sich nicht mehr ändern. Manche Verletzungen, Benachteiligungen und Ungerechtigkeiten kommen einfach in jeder Beziehung vor. Dann geht es darum, die unvermeidliche Ohnmacht anzunehmen.

Lernen Sie zu vergeben

Bestrafung stellt eine Vergeltungsgerechtigkeit her, aber es gibt noch einen anderen Weg zur Gerechtigkeit: Vergebung. Die Ungerechtigkeit steht wie eine unbeglichene Rechnung zwischen zwei Menschen, auch zwischen Liebenden. Vergebung annulliert die offene Rechnung. Dann ist ein Neubeginn mit ausgeglichenen Konten möglich.

Vergebung erleidet Ungerechtigkeit nicht, sondern überwindet sie. Eine Machtausübung beschämt und macht klein, Vergebung nimmt sich die Würde zurück. Vergebung bedeutet allerdings nicht, das Verhalten des andern zu beschönigen oder eine billige Entschuldigung anzunehmen, die die Ungerechtigkeit gar nicht anerkennt. Vergebung sieht und spürt das ganze Ausmaß dessen, was nicht gut war, und lässt doch den Anspruch los, dass der andere sich entschuldigt, sein Unrecht einsieht oder etwas wiedergutmacht. So ist Vergebung ein freier Akt der Liebe und gleichzeitig eine Lebensklugheit. Denn eine Ungerechtigkeit, die Sie nicht verhindern können, lässt leicht einen Groll entstehen, der unter Umständen noch lange an Ihnen nagt. Sie kann auch zu einer Altlast werden, über die Sie immer wieder stolpern, wenn noch einmal eine ähnliche Situation auftritt wie die, in der früher eine Ungerechtigkeit geschehen ist.

Vergebung befreit sowohl vom Groll als auch von den Altlasten. Praktisch wird sie vor allem in den folgenden Erfahrungen.

Ungerechtigkeit in der Vergangenheit. Auch in der Vergangenheit Liebender liegen manchmal Ereignisse, die nicht mehr gutzumachen sind. Vielleicht hat Ihr Partner auf eine Entscheidung gedrängt, deren Folgen sich als schmerzhaft herausgestellt haben. Vielleicht hat Ihr Partner Sie in einem wichtigen Moment nicht geschützt, zum Beispiel vor Ihren Schwiegereltern, und Sie haben eine schlimme Zeit durchgemacht. Vielleicht gab es sogar einen Flirt, der beinahe in einer Affäre geendet hätte, oder eine Fremdverliebtheit. Auch wenn solche Ereignisse schon lange zurückliegen, wirken sie manchmal wie ein Schwelbrand, der zwar keine Flammen mehr schlägt, aber auch nicht wirklich erloschen ist. Bei passenden Anlässen lodern dann doch wieder Gefühle von Groll, Verletztsein oder Ohnmacht auf. Psychologisch betrachtet hat dieses Schwelen den Sinn, einen Menschen wachsam zu halten und eine neue Verletzung zu verhindern. Die wachgehaltene Erinnerung kann dann zu einer Waffe werden, mit der man sich auch heute noch wehren kann. Ein schwelender Groll wünscht sich oft insgeheim eine Entschädigung.

Vergebung löscht diesen Schwelbrand. Sie setzt Gründe außer Kraft, die ein Groll und ein Festhalten an der schlimmen Erinnerung haben. Sie verzichtet auf eine Entschädigung und legt die Waffe aus der Hand, die in dem erfahrenen Unrecht besteht. Sie macht zwar neu verletzbar, aber frei und empfänglich für Liebe. Zu alledem können Sie sich entschließen und müssen immer neu auf diesen Entschluss zurückkommen: Die Gefühle folgen Ihrer Entscheidung mit der Zeit nach. Mit einem befreiten Herzen machen Sie viele gute Erfahrungen, die das Erlittene immer mehr aufwiegen.

Wenn sich Ihr Partner wegen der Sache noch schuldig fühlt, dann können Sie die Vergebung vielleicht sogar aussprechen. Möglicherweise fühlt sich Ihr Partner aber gar nicht schuldig, weil er sich nicht verantwortlich fühlt. Dann sollten Sie Ihren Akt des Verzeihens lieber für sich behalten.

Kleine Ungerechtigkeiten des Alltags. Leider gibt es in unseren Beziehungen nicht nur die schönen, innigen Momente. Es gibt auch den stressigen Alltag, in dem wir unseren Zielen nachjagen, von Pflichten getrieben werden und oft unter Zeitdruck entscheiden müssen. Hier passieren immer wieder kleine Ungerechtigkeiten und ein Paar käme kaum hinterher, wenn es alle besprechen wollte.

Kleine Ungerechtigkeiten erleiden Sie zum Beispiel, wenn Ihr Partner einen Witz auf Ihre Kosten macht oder Sie bloßstellt. Vielleicht trifft Ihr Partner auch eine Entscheidung, die zwar für ihn bequem ist, Ihnen aber Mühe macht. Vielleicht lässt Ihr Partner auch Aufgaben liegen oder ignoriert einen Wunsch, den Sie schon häufiger ausgesprochen haben. Er kommt unpünktlich oder hält eine Verabredung nicht ein. Vielleicht reagiert Ihr Partner auch einmal grob oder unhöflich.

Manchmal ist es gut, auch solche Kleinigkeiten anzusprechen. Ein kurzes Gewitter macht die Luft wieder rein. Partner geben so zu erkennen, was sie wirklich stört. Aber weil man nicht alles ansprechen kann, bleibt ein Rest an Ungerechtigkeiten, die man ertragen muss. Doch die könnten eine Quelle von Groll und ein Auslöser von Rache werden. Besser üben Sie sich dann im Vergeben. Wichtig ist, dass Sie sich in Ihren Gefühlen ernst nehmen, etwa in einem Ärger, einem Schmerz oder einem Gefühl von Verletztsein. Wenn Sie sich dagegen selbst auffordern, nicht so kleinlich oder nicht so empfindlich zu sein, dann verdrängen Sie Ihr Gefühl nur. Möglicherweise stauen sich dann Gefühle an.

Besser ist eine Haltung wie diese: „Ja, das war eben richtig fies und selbstbezogen von ihr/ihm. Und es hat sehr wehgetan. Aber ich möchte das jetzt nicht aufrechnen, sondern ich verzeihe es. Sicher passiert umgekehrt auch einmal etwas Ähnliches."

Eine Ungerechtigkeit hinzunehmen, ist eine Entscheidung für eine bestimmte Situation, nicht für alle Zukunft. Auch eine kleine Sache kann stören, wenn sie immer wieder vorkommt. Dann können Sie diese ansprechen und etwas an der Situation verändern. Je sicherer Sie sind, dass Sie sich zur Not auch einmal wehren können, desto leichter wird Ihnen das Vergeben fallen.

Die Krönung der Vergebung ist, wenn Sie wieder zu positiven Gefühlen finden. In einer Paarbeziehung gelingt das am besten, wenn Sie Ihrem Partner ein Zeichen der Liebe schenken. Es ist ausgesprochen schwer, Gutes zu tun und böse zu fühlen, deshalb ziehen auch hier die Gefühle rasch nach.

Begegnungen mit dem Schatten Ihres Partners. Der „Schatten" ist ein Bild für die dunkle Seite von Menschen, die uns zwar nicht bewusst ist, die sich aber trotzdem auf unsere Beziehungen auswirkt. Zum Beispiel ist vielen Partnern gar nicht bewusst, wenn sie sich dominant verhalten. Wenn sie der andere darauf anspricht, dass sie in einer Situation sehr bestimmend waren, erntet er aufrichtige Verwunderung. Manchmal braucht es Jahre, bis Partner auf ihre dunklen, unbewussten Wesenszüge aufmerksam werden.

Solche Schattenseiten sind zum Beispiel Überheblichkeit, die Neigung, eine Opferrolle einzunehmen, Perfektionismus oder eine Abwehr gegen Fremde und Fremdes, um nur eine kleine Auswahl zu nennen. Diese Schattenseiten fügen Ihnen immer wieder einmal Unangenehmes zu. Weil Ihr Partner sie selbst nicht sehen und auch nicht ändern kann, geht es auch hier immer wieder ungerecht zu. Dann verhindert die Bereitschaft zur Vergebung, dass Sie einen Groll ansammeln und die Ohnmacht mit dem Stachel „Rächen" bewältigen. Die Schritte, die ich in den vorangegangenen Absätzen beschrieben habe, können auch hier zu einer wirksamen Vergebung führen.

Ihr Stachel „Rächen" fordert Sie also in gegensätzlicher Weise heraus: Einerseits lassen Sie Ohnmacht hinter sich, indem Sie Ihre natürliche Autorität ergreifen und fairen Einfluss ausüben. Andererseits überwinden Sie die Ohnmacht, indem Sie unvermeidliche Ungerechtigkeiten akzeptieren und vergeben. Wenn auch Ihr Partner mit Ihrem Stachel einen guten Weg findet, wird Ihr eigener Weg noch leichter.

Führen Sie Ihren Partner aus der Ohnmacht

Wenn Sie gelegentlich mit dem Stachel „Rächen" konfrontiert sind, dann ist Vorbeugen wichtig, wichtiger als bei allen anderen Stacheln. Denn hat Sie die Rache erst einmal getroffen, ist es ja schon zu spät.

Dieser Abschnitt wird Ihnen die Augen dafür öffnen, wo wir im gemeinsamen Alltag Macht ausüben. Dann erfahren Sie, dass es in Ihrem Partner ein ohnmächtiges Mädchen oder einen ohnmächtigen Jungen gibt, die auf Machtausübung sehr sensibel reagieren. Schließlich lernen Sie, wie Sie Ihren Partner dazu einladen, selbst mehr Einfluss auszuüben.

Die Gesetzmäßigkeiten der Partnerwahl machen es recht wahrscheinlich, dass Sie durchsetzungsstark oder vielleicht sogar ein wenig dominant sind. Denn das fügt sich einfach gut zusammen: ein Partner, der zurückhaltend Einfluss ausübt, und ein anderer, der ganz selbstverständlich beeinflusst. Dann liegt es auch an Ihnen, ein faires Maß an gegenseitiger Beeinflussung zu finden.

Werden Sie sich Ihrer Macht bewusst

Es sträubt sich etwas in uns, wenn wir in unserer Paarbeziehung die Machtverhältnisse prüfen. Ist nicht Liebe das glatte Gegenteil von Macht? Doch es ist eine Tatsache unseres Lebens, dass jedes Paar Entscheidungen trifft und es eine Auswirkung hat, wer diese Entscheidungen in welchem Maß bestimmt. Es sind vor allem folgende Einflussbereiche, von denen Macht und Ohnmacht in einer Paarbeziehung abhängen.

Einfluss auf Entscheidungen. Bereits hier entstehen viele Komplikationen. Vielleicht entscheiden Sie lieber, schneller oder leichter als Ihr Partner. Oder Ihr Partner ist zunächst sogar froh, wenn Sie ihm eine Entscheidung abnehmen. Aber spätestens wenn die Folgen einer Entscheidung spürbar werden, kann sich ein Gefühl von Ohnmacht einstellen. Denn die Entscheidung für eine Sache bedeutet oft den Verzicht auf eine andere. Die Vorteile einer Entscheidung haben meist einen Preis, den man früher oder später zahlen muss.

Wenn ein Partner keine Gelegenheit hatte, zu den Nachteilen einer Entscheidung ein Ja zu finden, kann eine Unzufriedenheit entstehen. Das kann für Sie enttäuschend oder ärgerlich sein: „Der andere hat es mich doch entscheiden lassen. Hinterher ist sie/er nicht zufrieden und ich muss das ausbaden." Wenn das in Ihrer Beziehung vorkommt, seien Sie lieber wachsam und versuchen Sie zu erspüren, ob Ihr Partner eine Entscheidung wirklich bejaht. Lassen Sie sich im Zweifelsfall lieber noch etwas Zeit, wenn das möglich ist, und nehmen Sie sich die Entscheidung später noch einmal gemeinsam vor. Fragen Sie zur Sicherheit, ob Ihr Partner auch mit den Nachteilen einer Entscheidung leben kann.

Besonders zwiespältig sind die Machtfragen in einem Fall wie diesem:

Robert leitet ein mittleres Unternehmen. Oft trifft er im Minutentakt Entscheidungen. Isabel dagegen hat als Sekretärin gearbeitet und Entscheidungen daher eher ausgeführt. Beiden ist klar: Robert trifft die besseren Entscheidungen, zumindest wenn man sie an den gängigen Qualitätskriterien misst: Seine Vorsicht vermeidet Pannen,

sein Gespür erkennt, wie man für sein Geld das Beste bekommt, er optimiert Planungen so, dass die Interessen der fünf Familienmitglieder gut zu vereinbaren sind. Aber auch wenn seine Entscheidungen treffsicher sind, merkt Isabel manchmal, dass es eben nicht ihre Entscheidungen sind. Auch wenn er das Beste für alle im Sinn hat, setzen sich sein Stil und seine Vorlieben im gemeinsamen Leben durch. Manchmal macht das Isabel wütend und rebellisch. Robert hat dann das Gefühl, dass Isabel ihm in den Rücken fällt.
Wenn Robert die Liebe stärken will, sollte er Isabel mehr Führung überlassen. Ihr Leben wäre vielleicht etwas weniger privilegiert, aber die Beziehung würde wieder ausgewogener und damit noch glücklicher werden. Eine solche Veränderung würde sicher nicht nur Robert schwerfallen. Isabel bräuchte viel Ermutigung dabei und die Vergewisserung, dass sich Robert hinter ihre Entscheidungen stellt.

Deutungsmacht. Auch wie wir die Dinge sehen, bestimmt viel von unserem Leben. Doch wer sagt, wie die Dinge zu sehen sind? Das beginnt schon bei dem Bild, das jeder Partner von sich hat. Ihr Bild von sich selbst ist sicher etwas anders als das Bild, das Ihr Partner von Ihnen hat. Und umgekehrt sehen Sie Ihren Partner etwas anders als er sich selbst. Wessen Sicht sich hier durchsetzt, bestimmt das gemeinsame Leben.

Vielleicht hält sich Ihr Partner z. B. für kreativ, während Sie ihn für ziemlich unorganisiert halten. Die unterschiedlichen Sichtweisen ziehen unterschiedliche Konsequenzen nach sich: Kreativität sollte man kraftvoll ausleben, mangelnde Organisation aber korrigieren. Idealerweise lässt ein Paar dann beide Sichtweisen gelten, weil beide ihre Berechtigung haben. Wo sich Ihre Sichtweise durchsetzt, wecken Sie Groll und lenken den Stachel „Rächen“ auf sich.

Die Machtfrage gilt auch für ganz andere Deutungen: Wie sehen wir den Charakter und das Verhalten unserer Kinder? Ist unser Lebensstil eher als sparsam oder großzügig anzusehen? Setzen wir uns genug für andere ein? Finden wir ausreichend Zeit zu zweit? Auf all diese Fragen geben Partner selten die gleiche Antwort. Auch bei diesen Fragen können Sie darauf achten, ob Sie hier mehr Deutungsmacht ausüben. Falls ja, dann schenken Sie der Sichtweise Ihres Partners mehr Beachtung.

Finanzielle Macht. In nicht wenigen Paarbeziehungen herrscht ein finanzielles Machtgefälle. Dieses folgt der Logik: „Wer mehr verdient (oder geerbt hat), darf auch mehr darüber bestimmen, wie das Geld eingesetzt wird." Manchmal sind es sogar die Partner mit geringerem Einkommen, die diese Regel aufstellen und von sich aus auf finanzielle Mitbestimmung verzichten. Dass das früher oder später zu Gefühlen von Ohnmacht führt, bedarf keiner Erklärung. Wenn Sie mehr verdienen als Ihr Partner, sollten Sie darauf achten, dass er Ihre Ausgaben genauso bestimmt, wie Sie es tun.

Bei starken Vermögensunterschieden haben Paare auch schon entschieden, einen Teil des Geldes ruhen zu lassen, zu spenden oder für Kinder anzulegen. Das bescheidenere Leben macht es dann einfacher, sich in finanziellen Dingen gleichwertig zu fühlen.

Wie Sie sehen, gibt es einige Bereiche in einer Liebesbeziehung, in denen Sie mit Machtfragen sensibel umgehen sollten. Hier können Sie Ihre Liebe auf besondere Weise zeigen, wenn sich Ihr Partner gelegentlich rächt oder Sie bestraft.

Lassen Sie uns nun noch genauer betrachten, woran es liegt, dass Ihr Partner gegenüber Machtausübung so sensibel ist.

Sehen Sie das Kind im andern

Es sind verschiedene Erfahrungen der Ohnmacht, die es einem Kind schwer machen, Konflikte offen auszutragen.

Das rücksichtslos verletzte Kind. Manche Kinder werden häufiger verletzt als andere. Ein Elternteil geht rücksichtslos über die Gefühle des Kindes hinweg. Das kann aus Dominanz geschehen oder weil ein Elternteil unter Druck steht. Manchmal hat ein Elternteil auch eine autoritäre Auffassung von Erziehung und setzt sich auf grobe Weise durch. Ein Kind weint, protestiert und drückt mit seinem Gesicht den Schmerz aus. Das rücksichtslose Elternteil ignoriert diese Signale aber oder kritisiert das Kind sogar noch dafür.

Nicht so sehr die Verletzung, sondern die Rücksichtslosigkeit, mit der diese zugefügt wird, prägt sich als Lebenserfahrung ein. Sie wird zu einem wunden Punkt, der auch im Erwachsenenalter empfindsam bleibt. Daher sollten Sie heute sehr aufmerksam sein, wenn Ihr Partner verletzt wirkt, und dem nachgehen. Entschuldigen Sie sich, auch wenn Ihr Partner vielleicht selbst dazu beigetragen hat, dass es zu der verletzenden Situation gekommen ist. Seien Sie aufmerksam und lernen Sie, was genau Ihren Partner in der jeweiligen Situation verletzt. Dann können Sie hier eine besondere Rücksicht schenken.

Das machtlose Mädchen und der machtlose Junge. Manche Kinder leiden auch darunter, dass sich ein Elternteil nicht beeinflussen lässt oder nur sehr wenig. Normalerweise haben schon Säuglinge eine gewisse Macht. Sie fordern Aufmerksamkeit ein und können schon ihren Unwillen ausdrücken. Feinfühlige Eltern gehen auf diese Signale ein. Manche Eltern lassen sich von ihrem Kind aber nur wenig beeinflussen. Sie tun, was sie für gut und richtig halten. Auch wenn das oft zum Wohl des Kindes ist, erlebt ein Kind eine Ohnmacht, wenn es eine wichtige Bezugsperson nicht beeinflussen kann. Bedürfnisse werden nur dann gestillt, wenn es zum Programm des Elternteils passt. Ein Elternteil zu korrigieren, wenn es sich nicht richtig verhält, ist fast unmöglich.

Kinder probieren dann immer extremere Verhaltensweisen aus, zum Beispiel einschüchterndes Verhalten. Manche Kinder entdecken aber auch die Macht der Machtlosen. Sie verschaffen sich eine gewisse Macht, indem sie sich verweigern oder etwas anderes tun, was den Eltern wehtut.

Wenn Ohnmacht den wunden Punkt Ihres Partners ausmacht, dann können Sie das machtlose Mädchen oder den machtlosen Jungen unterstützen: Machen Sie sich berührbar und beeinflussbar. Sie müssen natürlich nicht immer nachgeben. Aber seien Sie stets bereit, sich einmal korrigieren zu lassen und auf die Wünsche Ihres Partners einzugehen, und sei es in Form eines Kompromisses. Schon eine kleine Bewegung auf Ihren Partner zu beendet ein Gefühl kindlicher Ohnmacht.

Das unterworfene Mädchen und der unterworfene Junge. Manche Eltern zwingen Kindern ihren Willen auf. Zwar sollten Kinder lernen, auf das Wort ihrer Eltern zu hören und Regeln zu befolgen. Zugleich brauchen Kinder aber Zeit und Unterstützung, um diese Unterordnung zu lernen. Außerdem sollten Eltern ihre Kinder im Gegenzug auch manches bestimmen lassen und vermitteln, dass sich auch Eltern vielen Regeln unterordnen müssen. Autoritäre Eltern setzen jedoch einfach ihren Willen durch: „Du machst das, weil ich es so sage." Ein Kind erlebt das Verhalten eines Elternteils besonders willkürlich, wenn sich dieser selbst nicht an die Regeln hält, die er aufstellt. Kinder lassen ihre Eltern dann oft spüren, wie böse diese sind, und zeigen gekränkte und beleidigte Reaktionen. Auf diese Weise lindern sie ihre Ohnmacht.

Dieses unterworfene Mädchen oder dieser unterworfene Junge kann sich auch heute noch melden, vor allem wenn eine Situation so wirkt, als würden Sie sich willkürlich verhalten. Ihr Partner reagiert dann vielleicht beleidigt oder gibt Ihnen das Gefühl, sich böse verhalten zu haben. In diesem Fall sollten Sie sich auf keinen Fall verteidigen, sondern Ihrem Partner das notwendige Maß an Mitbestimmung einräumen. Wenn Sie sich tatsächlich einmal autoritär oder willkürlich verhalten haben, dann entschuldigen Sie sich ruhig. Falls nicht, warten Sie ein wenig ab, bis sich die Gefühle Ihres Partners beruhigt haben, und kommen dann später noch einmal auf die Sache zurück, für die Sie Ihren Partner gerne gewinnen würden.

Das gezwungene Mädchen und der gezwungene Junge. Zwang ist ein wenig schwächer als Unterwerfung, aber ähnlich unangenehm. Das unterworfene Kind kommt gar nicht auf die Idee, sich zu verweigern – so mächtig und unhinterfragbar erlebt es die Autorität eines Elternteils. Das gezwungene Kind könnte sich weigern, müsste aber die Konsequenzen ertragen: ein schlechtes Gewissen, das Beleidigtsein eines Elternteils, Schimpfen oder andere Nachteile. (Mit anderen Worten: Das Kind ist also selbst bestrafenden Verhaltensweisen eines Elternteils ausgesetzt.) Es ist die Macht über das Gewissen des Kindes und die Macht, ihm Unangenehmes zuzufügen, die ein Kind als Zwang erlebt. Selbst wenn ein Elternteil zu Dingen zwingt, die eigentlich gut und vernünftig sind, entsteht im Kind ein starker Drang, diese zu boykottieren oder sich zu verweigern. Dies kann sich in einer Paarbeziehung fortsetzen.

Wenn Sie das gezwungene Mädchen oder den gezwungenen Jungen in Ihrem Partner schützen wollen, dann sollten Sie nicht auf das Gewissen Ihres Partners einwirken und auch selbst keine bestrafenden Verhaltensweisen einsetzen. Wenn sich Ihr Partner verweigert oder etwas boykottiert, fragen Sie nach, ob sich Ihr Partner von Ihnen zu etwas gezwungen fühlt. Falls ja, entschuldigen Sie sich und schenken Sie Ihrem Partner neu seine Freiheit.

Dem ohnmächtigen Kind, das der Stachel „Rächen" schützt, sollten Sie also vor allem seine Macht zurückgeben. Das geschieht, wenn Sie, wie gerade beschrieben, einfühlsam auf emotionale Reaktionen Ihres Partners eingehen. Im gemeinsamen Alltag gibt es darüber hinaus viele Situationen, in denen Sie Ihrem Partner Einfluss schenken können.

Ermächtigen Sie Ihren Partner

Die Empfehlungen der vorangegangenen Abschnitte stärken bereits die Autorität Ihres Partners, wenn Sie ihn zum Beispiel in Entscheidungen einbeziehen oder genau hinhören, wenn er Wünsche äußert.

Sie können Ihren Partner aber auch ermächtigen, indem Sie genau jene Erfahrungen möglich machen, die in seiner gefehlt haben. Was ich Ihnen im Folgenden vorschlage, tut jeder Beziehung gut. Ihren Partner kann das aber in besonderer Weise erleichtern. Dies betrifft vor allem Ansichten und Gefühle sowie den Umgang mit Konflikten.

Bestätigen Sie die Ansichten und Gefühle Ihres Partners. In meiner therapeutischen Arbeit habe ich noch nie erlebt, dass ich die Ansichten eines Menschen ganz und gar falsch fand oder ein Gefühl überhaupt nicht verstehen konnte. Jede Ansicht hat eine Berechtigung, auch wenn ich sie vielleicht nicht teile. Jedes Gefühl hat einen guten Grund, selbst wenn ich in der gleichen Situation mit anderen Gefühlen reagieren würde. Daher ist es auch immer möglich, den andern in seinen Ansichten und Gefühlen zu bestätigen. Dazu genügen oft schon kleine Sätze wie:

- „Da ist etwas dran."
- „Da hast du recht."
- „Das würde ich auch so empfinden."
- „Das kann ich gut verstehen."

Wenn Sie die Situation anders beurteilen als Ihr Partner, dann greifen Sie doch einen kleinen Aspekt heraus, in dem Sie übereinstimmen: „Stimmt, meine Mutter hat sich da abweisend verhalten." Wenn Sie das Verhalten Ihrer Mutter erklären wollen, dann verschieben Sie das auf später. Wenn Sie die erste Reaktion Ihres Partners bestätigen, dann stärken Sie Ihren Partner. Er wird später selbstbewusster und entspannter reagieren, wenn deutlich wird, dass Sie mit seiner Sichtweise nicht ganz übereinstimmen.

Erleichtern Sie Konflikte. Vielleicht vermeidet Ihr Partner Konflikte lieber. Dann beobachten Sie folgendes Phänomen in Ihrer Beziehung: Ihr Partner lässt gelegentlich einen Testballon steigen und deutet Wünsche, Gefühle und Sichtweisen an. Wenn Sie diese Signale nun übergehen, kommt es bei Ihrem Partner zu folgender Bewertung: „Hier kann ich mich nur für meine Wünsche und Sichtweisen einsetzen, wenn ich mich auf eine Auseinandersetzung einlasse. Weil ich dann aber bestimmt verliere, kann ich es auch gleich sein lassen."

Deshalb sollten Sie für kleine Signale, mit denen Ihr Partner für sich einsteht, sehr aufmerksam sein. Zeigen Sie Interesse. Fragen Sie nach. Vielleicht wagt Ihr Partner erst dann, offen über ein Thema zu reden, bei dem Sie vielleicht nicht einer Meinung sind. Nun wächst Ihnen eine bedeutsame Aufgabe zu: Im weiteren Gespräch sollten Sie einerseits natürlich Anwalt Ihrer eigenen Interessen sein, müssen aber andererseits auch Anwalt der Interessen Ihres Partners sein. Das kann sich so anhören:

- „Nach meiner Erinnerung habe ich gar nicht häufiger bestimmt als du, wohin wir in Urlaub fahren. Aber wenn du das Gefühl hast, ist bestimmt etwas dran. Wollen wir die nächsten letzten drei Jahre einfach mal durchgehen? Vielleicht erinnern wir uns ja noch, wie unsere Entscheidung zustande gekommen ist."
- „Ich persönlich finde nicht, dass wir deine Mutter an Ostern besuchen müssen. Aber ich möchte auf jeden Fall, dass du dich auch wohlfühlst mit unserer Entscheidung. Sag doch noch mal, warum du uns da in der Pflicht siehst."

Mit einer solchen Unterstützung machen Sie es Ihrem Partner viel leichter, Konflikte anzusprechen und auszutragen. Damit trocknen Sie eine wichtige Quelle der Ohnmacht aus. Sie schenken Ihrer Partnerin oder Ihrem Partner dadurch nicht nur heilsame Erfahrungen, sondern werden auch selbst belohnt: Denn der Stachel „Rächen" wird sich immer seltener auf Sie richten.

Zur Ermächtigung Ihres Partners gehört auch, ihn immer wieder zu Entscheidungen zu ermutigen, wie es im vorangegangenen Abschnitt über Machtfragen beschrieben ist. Durch einen bewussten Umgang mit Macht, durch eine Einfühlung in das ohnmächtige Kind im andern und durch ermutigendes Verhalten haben Sie einige Möglichkeiten, sich vor dem Stachel Ihres Partners zu schützen.

Hinter dem Stachel „Rächen" stehen verschiedene Ohnmachtserfahrungen. Sie führen zu der existenziellen Frage, wie wir als Menschen mit Ohnmacht umgehen.

Aus den Quellen des Glaubens schöpfen

Der christliche Glaube wird oft als Religion des Duldens aufgefasst. Dann wird die Nächstenliebe als Aufforderung zum Machtverzicht verkannt und auch als Aufruf, sich als Christen in gesellschaftliche Nischen zurückzuziehen und dort Gutes zu tun. Zum Glück hat sich aber auch das revolutionäre Potenzial des Glaubens in der Geschichte gezeigt: Wo der britische Parlamentarier William Wilberforce die Abschaffung der Sklaverei in England bewirkte, wo der Pastor Martin Luther King die offizielle Rassendiskriminierung in den USA stürzte und wo sich die lateinamerikanische Befreiungstheologie immer wieder mit Regierungen anlegte.

Jesus selbst hat sich zwar nicht gegen die römische Besatzungsmacht aufgelehnt, hat sich aber gegen die religiösen Autoritäten seiner Zeit gewandt, um das einfache Volk von den erdrückenden Glaubensvorschriften zu befreien, Frauen aufzuwerten und Ausgestoßene wieder in die Mitte der Gesellschaft zu führen.

Wo es in der Macht von Menschen steht, ermutigt das Beispiel Jesu auch zum Konflikt und zur Ausübung von Einfluss. Aufschlussreich ist aber auch, wie Jesus mit der unvermeidbaren Ohnmacht umgeht, die jedem im Leben begegnet.

Sehen Sie Gott hinter jedem Kräftespiel

Auch Jesus hat in verschiedenen Momenten seines Lebens Ohnmacht erlebt, zum Beispiel als ihn einmal viele Anhänger verließen (Johannes 6,66f). Doch eine zugespitzte Ohnmacht begegnete ihm auf dem Weg ans Kreuz. Seine Haltung dazu offenbart Jesus in einem Gespräch mit dem römischen Präfekten Pilatus, der sein Todesurteil sprechen wird: „Du hättest keine Macht über mich, wenn es dir nicht von oben her gegeben wäre." Dieses Gespräch ist uns im elften Kapitel des Matthäusevangeliums überliefert. Der Satz von Jesus hat eine Tragweite, die meine theologischen Kompetenzen übersteigt. Aber schon ein erstes, oberflächliches Verstehen hilft uns weiter. Offenbar sieht Jesus hinter der Macht von Pilatus Gottes Macht und kann sich daher gelassen in das Geschehen fügen. Und in der Tat: Wenn wir in Gott einen allmächtigen Schöpfer sehen, der auch noch heute in die Weltgeschichte eingreift, dann geschieht nichts, was Gott nicht zum Guten wenden und für seine Pläne mit jedem einzelnen Menschen und mit der Menschheit verwenden könnte.

Angesichts von schwerem Leid kann diese Sichtweise schier unerträglich werden und die Theologie müht sich auch heute an der sogenannten Theodizeefrage: Wie kann es überhaupt einen Gott geben, wenn er nicht angesichts menschlichen Leides eingreift? Jesus stand schweres Leid bevor, doch sein Tod und seine Auferstehung erwiesen sich schließlich als zentrales Ereignis in der Geschichte Gottes mit dem Menschen.

Auch wenn wir in kleineren Dingen Ohnmacht erleben, kann es sehr hilfreich sein, Gott hinter dem scheinbar willkürlichen Spiel der Kräfte zu entdecken: „Gott lässt keine Kraft auf mich einwirken, die er nicht genau im Blick hätte, selbst wenn sie mir Leid zufügt oder mir schadet. Seine guten Pläne für mich werden trotzdem zu ihrem Ziel kommen." Wenn ich der Macht eines andern einmal nichts entgegensetzen kann, dann ist es keine Konfliktvermeidung, wenn ich es hinnehme. Es schützt mich aber davor, die Macht des andern auf ungute Weise zu bekämpfen oder mich etwa zu rächen.

Wie sich diese Haltung auch auf Paarbeziehungen auswirken kann, zeigt das Beispiel von Petra und Horst.

Petra war noch nie wohl dabei, wenn Horst ihrer Tochter gegenüber jähzornig war. Lange hat sie ihn darauf aufmerksam gemacht. Immerhin zeigt er sich heute nach einem Ausbruch sanfter oder entschuldigt sich. Aber seinen Zorn bekommt Horst einfach nicht unter Kontrolle. Irgendwann hat sich Petra entschlossen, die Verantwortung dafür in Gottes Hände zu legen.
„Gott will das so sicher nicht", dachte Petra dann. „Aber er mutet mir das gerade offensichtlich zu. Ich kann vielleicht daran wachsen. Außerdem vertraue ich darauf, dass Gott auch Siri schützt und sie durch Horsts Verhalten keine Probleme bekommt, mit denen sie nicht umgehen kann." Tatsächlich wirkt Siri zwar ein paar Jahre ängstlich, inzwischen tritt sie oft forsch auf – und manchmal etwas jähzornig. Dass Petra den Jähzorn ihres Mannes akzeptiert hat, hat sie von einem unterschwelligen Zorn befreit. Sie konnte sich in der Ehe wieder mehr öffnen. Die positiven Erfahrungen haben auch Horst entspannt und seinen Zorn zumindest seltener gemacht.

Wenn Sie Ihren Stachel „Rächen" überwinden wollen, dann sollten Sie die Autorität ergreifen und ausüben, die Ihnen zusteht. Manchmal gilt es aber auch, das zu akzeptieren, was Sie nicht verändern können. Das kann man als spirituelle Aufgabe annehmen. Wenn auch noch Ihr Partner aus den Quellen des Glaubens schöpft, begeben Sie sich auf einen gemeinsamen spirituellen Weg.

Seien Sie ein Vorbild im Vergeben

Ob Sie es verdient haben oder nicht: Bestrafung oder kleine Racheakte fügen Ihnen ein Unrecht zu. Wenn Sie für dieses Unrecht Gerechtigkeit suchen, steigen Sie schnell in einen Kreislauf gegenseitiger Vergeltung ein. Vergebung unterbricht diesen Kreislauf. Sie setzt einen Schlusspunkt.

Gelegentlich entdecke ich eine ausländische Münze in meinem Geldbeutel, die hier fast wertlos ist, aber einer unserer Münzen täuschend ähnlich sieht. Die Versuchung ist groß, nicht der Dumme zu sein und die Münze wieder in Umlauf zu bringen. Schließlich haben sich schon viele andere dazu entschieden. Wer die falsche Münze aus dem Verkehr zieht, tut das, was im zwischenmenschlichen Bereich die Vergebung bewirkt. Vielleicht ist sie deshalb so fest in der christlichen Glaubenspraxis verankert. „Vater, vergib ihnen, denn sie wissen nicht, was sie tun“ (Lukas 23,34), bittet Jesus sogar für die römischen Soldaten, die ihn kreuzigen. Zuvor hat Jesus die Vergebung in das Gebet eingeprägt, das uns als Vaterunser überliefert ist: „Vergib uns unsere Schuld, wie auch wir vergeben unsern Schuldigern“ (Matthäus 6,12).

Jesus gibt dem Vergeben ein Maß, als ihn sein Schüler Petrus fragt, wie oft er einem andern vergeben muss: „Genügt es siebenmal? Jesus sprach zu ihm: Ich sage dir: nicht siebenmal, sondern siebzigmal siebenmal“ (Matthäus 18,21-22). Mit dieser hohen Zahl will Jesus natürlich nicht zur Buchführung einladen, sondern vielmehr ausdrücken: „Vergib, sooft es nötig ist.“

Diese Haltung kann Ihrer Liebesbeziehung guttun, wenn sich Ihr Partner gelegentlich rächt. Sie lassen die unangenehme Erfahrung schnell hinter sich und können sich den eigentlichen Themen zuwenden, die Ihren Partner bewegen. Wie wirksam das ist, zeigt folgendes Beispiel.

Manu hat sich immer schon gewundert, wie gelassen Oliver damit umgeht, wenn sie zornig wird, ihn angreift oder ihm ungerechte Vorwürfe macht. Er scheint ihr viel leichter vergeben zu können als umgekehrt. Neulich hat Oliver wieder einen Ton gewählt, als ob er für seine Pläne nichts als Zustimmung erwarten könnte. Manu hat sich geärgert, aber beschlossen, großzügig zu sein: „Schatz, ich könnte es mir auch ganz anders vorstellen ...“ Früher hätte Manu Oliver für seinen Tonfall bestraft, indem sie ihm Vorwürfe gemacht oder sich zurückgezogen hätte.

Der Stachel „Rächen“ führt zu der existenziellen Frage, wie wir als Menschen mit Ohnmacht umgehen. Ein Partner kann die Herausforderung annehmen, Gott hinter allem zu sehen, was ohnmächtig macht. Der andere kann sich in einer ansteckenden Vergebungsbereitschaft üben.

Nachwort

Wichtige Einsichten und gute Vorsätze gehen in unserem stressigen Alltag leicht unter. Vielleicht schaffen Sie sich daher Räume, in denen noch nachklingen kann, was Ihnen bei der Lektüre wichtig geworden ist: Vielleicht verabreden Sie mit Ihrem Partner das eine oder andere Gespräch und nehmen sich eine Passage dieses Buches vor. Vielleicht gibt es auch ein befreundetes Paar, mit dem Sie sich austauschen können. Oder Sie nehmen sich nach einer Weile selbst noch einmal ein Kapitel vor. Beim zweiten Lesen wird Ihnen vieles auffallen, was Ihnen beim ersten Mal entgangen ist. Machen Sie sich Notizen oder Tagebucheinträge. Wenn Sie regelmäßig beten oder meditieren, dann können Sie auch hier die Themen des Buches nachklingen lassen. Öffnen Sie sich für Gottes Gedanken und Impulse, denn der Glaube will alle Bereiche Ihres Lebens durchdringen, natürlich auch Ihre Partnerschaft. Wenn Sie wollen, meditieren Sie eine der Bibelstellen, die für Ihren Stachel bedeutsam ist.

Meist sehen wir die Stacheln unseres Partners noch deutlicher als unsere eigenen. Dann seien Sie geduldig und großzügig. Sehen Sie nicht so sehr auf den Stachel, sondern auf den wunden Punkt Ihres Partners. Schenken Sie Ihrem Partner die Erfahrungen, die er braucht, um sich angenommen und sicher zu fühlen.

Möglicherweise haben Sie eine beunruhigende Entdeckung gemacht. Bei Ihrem Partner ist ein Stachel extrem ausgeprägt und er wehrt jedes Gespräch darüber ab. Etwa zehn Prozent aller Menschen verhalten sich ausgesprochen stachlig und lassen sich dabei von niemandem korrigieren. Zu schwer und bedrohlich sind die Verletzungen, die hinter ihrem Stachel liegen. Dann können die Empfehlungen dieses Buches zwar Schaden begrenzen und für etwas Entspannung sorgen, aber sie werden Ihre Liebe nicht befreien. Dadurch geraten Sie in ein Dilemma. Wenn Sie das Verhalten Ihres Partners akzeptieren, werden manche Ihrer Bedürfnisse ungestillt bleiben und Sie geraten immer wieder in unangenehme Situationen. Um Ihren Partner aber zu einer Veränderung herauszufordern, müssten Sie massive Maßnahmen ergreifen und damit die Beziehung aufs Spiel setzen. Wie man hier einen Weg für sich findet, das thematisiert ein Artikel, der auf meiner Homepage verfügbar ist („Ich liebe einen schwierigen Menschen"; http://www.psychotherapie-berger.de/download.html). Auch folgende Bücher können Ihnen hier weiterhelfen: „Mit Narzissten leben: Wie Sie selbstbezogene Menschen entlarven und dabei wachsen können" von Wendy Behary oder „Die emotional zerstörerische Ehe" von Leslie Vernick.

Vermutlich hat Sie dieses Buch auch achtsam gemacht für das, was sich in den Beziehungen anderer Paare abspielt. Bei jedem Paar, das in eine schwere Krise gerät oder das sich trennt, gab es Frühwarnzeichen: ein Paar war so schweren Lebensbelastungen ausgesetzt, dass sich sein Umgang miteinander sehr verändert hat; einem Paar schien es nicht mehr gut miteinander zu gehen, denn ein Partner redete fast nur noch schlecht über den anderen; zwischen zwei Partnern sind so starke Spannungen entstanden, dass sie diese auch vor Freunden nicht mehr verbergen konnten. Wenn Sie so etwas beobachten, haben Sie den Mut, auf dieses Buch hinzuweisen, es vielleicht auszuleihen oder zu verschenken. Es kann zu einem Zeitpunkt die Augen öffnen, bevor die Beziehung auf dem Spiel steht. Wer könnte Ihnen übel nehmen, wenn Sie sagen: „Uns hat es geholfen, euch ja vielleicht auch?"

Die größte Ermutigung sind Paare, die offen zu ihren Schwächen stehen und die trotzdem glücklich miteinander sind. Bestimmt sind Sie bereits auf dem besten Weg dahin!

Literatur

Amelang, Manfred (1991): Partnerwahl und Partnerschaft: Formen und Grundlagen partnerschaftlicher Beziehungen. Hogrefe-Verlag, Göttingen.

Berckhan, Barbara (2012): Wie Sie anderen den Stachel ziehen, ohne sich zu stechen. Gräfe und Unzer Verlag, München.

Berger, Jörg (2013): Liebe lässt sich lernen. Wege zu einer tragfähigen Paarbeziehung. Verlag Springer Spektrum, Heidelberg.

Berger, Jörg (2014): Stachlige Persönlichkeiten. Wie Sie schwierige Menschen entwaffnen. Verlag der Francke-Buchhandlung GmbH, Marburg.

Berger, Jörg (2015): Meine Stacheln. Wie Sie Ihre Schwächen entschärfen. Verlag der Francke-Buchhandlung GmbH, Marburg.

Berkic, Julia, Quehenberger, Julia (2012): Bindungsspezifische Mechanismen der Emotionsregulation bei Langzeit-Ehepaaren. In: Brisch, Karl-Heinz (Hrsg.) Bindungen – Paare, Sexualität und Kinder, 36–60, Clett-Kotta Verlag, Stuttgart.

Bierhoff, Hans-Werner (2003): Dimensionen enger Beziehungen. In: Grau, Ina, Bierhoff, Hans-Werner (Hrsg.) Sozialpsychologie der Partnerschaft, 257–284, Springer Verlag, Berlin Heidelberg.

Bodenmann, Guy (2000): Das Freiburger Stresspräventionstraining für Paare. In: Kaiser, Peter (Hrsg.) Partnerschaft und Paartherapie, 113–146, Hogrefe-Verlag, Göttingen.

Bodenmann, Guy (2000): Stress, kritische Lebensereignisse und Partnerschaft. In: Kaiser, Peter (Hrsg.) Partnerschaft und Paartherapie, 219–238, Hogrefe-Verlag, Göttingen.

Bodenmann, Guy (2003): Die Bedeutung von Stress für die Partnerschaft. In: Grau, Ina, Bierhoff, Hans-Werner (Hrsg.) Sozialpsychologie der Partnerschaft, 481–504, Springer Verlag, Berlin Heidelberg.

Bodenmann, Guy (2007): Stress und Partnerschaft. Gemeinsam den Alltag bewältigen. Verlag Hans Huber, Bern.

Bramson, Robert M. (1988): Coping with Difficult People. Random House Publ., New York.

Braukhaus, Christoph, Saßmann, Heike, Hahlweg, Kurt (2000): Erfolgsbedingungen von Partnerschaften. In: Kaiser, Peter (Hrsg.) Partnerschaft und Paartherapie, 173–189, Hogrefe-Verlag, Göttingen.

Buchholz, Michael (2000): Intimität und Paare. In: Kaiser, Peter (Hrsg.) Partnerschaft und Paartherapie, 75–95, Hogrefe-Verlag, Göttingen.

Canetti, Elias (2012; 1974): Der Ohrenzeuge. 50 Charaktere. Fischer Taschenbuch Verlag, Frankfurt am Main.

Chapman, Gary (1998): Die fünf Sprachen der Liebe. Wie Kommunikation in der Ehe gelingt. Verlag der Francke-Buchhandlung GmbH, Marburg.

Clement, Ulrich (1996): Sexuelle Kollusionen: Paardynamik in sexuell gestörten Partnerschaften. System Familie 9: 67–73.

Clement, Ulrich (2006): Guter Sex trotz Liebe. Ullstein Verlag, Berlin.

Felmlee, D (1998): Fatal attractions: Contradictions in Intimate Relationships. In: Harvey JH Perspectives on Loss, Routledge Chapman & Hall.

Fincham FD, Beach SR, Davila J (2004): Forgiveness and Conflict Resolution in Marriage. Journal of Family Psychology, 18, 72–81.

Fincham, FD, Hall J, Beach, SRH (2006): Forgiveness in Marriage: Current Status and Future Directions. Family Relations, 55, 215–227.

Fokus (2006): Exklusiv-Studie. Der Seitensprung. Heft 19.

Frankl, Viktor (1992): Die Sinnfrage in der Psychotherapie. Piper Verlag, München.

Frankl, Viktor (2007): Ärztliche Seelsorge. Grundlagen der Logotherapie und Existenzanalyse. Deutscher Taschenbuch Verlag, München.

Goleman, Daniel (2011): Emotionale Intelligenz. Deutscher Taschenbuch Verlag, München.

Gordon, Thomas (2013): Gute Beziehungen. Wie sie entstehen und stärker werden. Klett-Cotta Verlag, Stuttgart.

Gottman JM (1993): A Theory of Marital Dissolution and Stability. Journal of Family Psychology Vol 7 No 1, 57–75.

Gottman JM (1993): The Roles of Conflict Engagement, Escalation, and Avoidance in Marital Interaction: A Longitudinal View of Five Types of Couples. Journal of Consulting and Clinical Psychology Vol 61 No 1, 6–15.

Gottman, John (2008): Die 7 Geheimnisse der glücklichen Ehe. Ullstein Verlag, Berlin.

Grabe, Martin (2007): Lebenskunst Vergebung. Verlag der Francke-Buchhandlung GmbH, Marburg.

Grau, Ina (2003): Emotionale Nähe. In: Grau, Ina, Bierhoff, Hans-Werner (Hrsg.) Sozialpsychologie der Partnerschaft, 285–314, Springer Verlag, Berlin Heidelberg.

Gupta U, Singh P (1982): An Exploratory Study of Love and Liking and Type of Marriages. Indian Journal of Applied Psychology 19(2), 92–7.

Heekerens, Hans-Peter (2000): Wirksamkeit therapeutischer Hilfen für Paare. In: Kaiser, Peter (Hrsg.) Partnerschaft und Paartherapie, 405–421, Hogrefe-Verlag, Göttingen.

Hinsch, Rüdiger, und Pfingsten, Ulrich (2007): Gruppentraining sozialer Kompetenzen. Beltz Verlag, Weinheim.

Hinsch, Rüdiger, und Pfingsten, Ulrich (2012): Soziale Kompetenz kann man lernen. Beltz Verlag, Weinheim.

Kaiser, Peter (2000): Klärung von Ressourcen und Anfälligkeiten zur Verbesserung der Lebensqualität von Paaren. In: Kaiser, Peter (Hrsg.) Partnerschaft und Paartherapie, 383–403, Hogrefe-Verlag, Göttingen.

Kaiser, Peter (2000): Partnerschaft und Herkunftsfamilie. In: Kaiser, Peter (Hrsg.) Partnerschaft und Paartherapie, 113–146, Hogrefe-Verlag, Göttingen.

Kaiser, Peter P (2003): Transgenerationale Interaktionen und Partnerschaft. In: Grau, Ina, Bierhoff, Hans-Werner (Hrsg.) Sozialpsychologie der Partnerschaft, 111–136, Springer Verlag, Berlin Heidelberg.

Kämmerer, Annette (2007): Vergeben: eine Quelle von Wohlbefinden. In R. Frank (Hrsg.), Therapieziel Wohlbefinden. Ressourcen aktivieren in der Psychotherapie. S. 227–235. Heidelberg, Springer.

Kröger, Christoph, Lutz, Wolfgang (2006): Der therapeutische Umgang mit Untreue und Affären in nahen Partnerschaften. In: Lutz, Wolfgang (Hrsg.) Lehrbuch der Paartherapie. Ernst Reinhard Verlag, München.

Lelord, François, und André, Christophe (2011): Der ganz normale Wahnsinn. Vom Umgang mit schwierigen Menschen. Rheda-Wiedenbrück Verlag, Gütersloh.

Lutz, Wolfgang (2006): Probleme in Beziehungen und Partnerschaft und ihre Therapie – Einleitung und Überblick. In: Lutz, Wolfgang (Hrsg.) Lehrbuch der Paartherapie. Ernst Reinhard Verlag, München.

Lutz, Wolfgang, Weinmann-Lutz B (2006): Behandlungsstrategien und Techniken der Paartherapie. In: Lutz, Wolfgang (Hrsg.) Lehrbuch der Paartherapie. Ernst Reinhard Verlag, München.

Möller, Michael Lukas (1992): Die Wahrheit beginnt zu zweit. Das Paar im Gespräch. Rowohlt Verlag, Reinbek bei Hamburg.

Noyon, Alexander, Heidenreich, Thomas (2012): Existenzielle Perspektiven in Psychotherapie und Beratung. Beltz Verlag, Weinheim.

Reiss, Neele, und Vogel, Friederike (2014): Empathische Konfrontation in der Schematherapie. Beltz Verlag, Weinheim.

Riemann, Fritz (1961): Grundformen der Angst. Eine tiefenpsychologische Studie. Ernst Reinhard Verlag, München.

Rohmann, Elke (2003): Fairness in Beziehungen. In: Grau, Ina, Bierhoff, Hans-Werner (Hrsg.) Sozialpsychologie der Partnerschaft, 315–342, Springer Verlag, Berlin Heidelberg.

Rohr, Richard und Ebert, Andreas (1989): Das Enneagramm. Die neun Gesichter der Seele. Claudius Verlag, München.

Saum-Aldehof, Thomas (2007): Big Five. Sich selbst und andere erkennen. Patmos Verlag Düsseldorf.

Schindler, Ludwig, Hahlweg, Kurt, Revenstorf, Dirk (2007): Partnerschaftsprobleme: Möglichkeiten zur Bewältigung. Ein Handbuch für Paare. Springer Medizin Verlag, Heidelberg.

Schindler, Ludwig, Hahlweg, Kurt, Revenstorf, Dirk (2006): Partnerschaftsprobleme: Diagnose und Therapie. Therapiemanual. Springer Medizin Verlag, Heidelberg.

Schmitz, Bernd (2002): Kognitive Verhaltenstherapie bei Persönlichkeitsstörungen und unflexiblen Persönlichkeitsstilen. Pabst Sience Publ., Lengerich.

Schnarch, David (2006): Die Psychologie sexueller Leidenschaft. Klett-Cotta Verlag, Stuttgart.

Schneewind, Klaus, Graf, Johanna, Gerhard, Anna Katharina (2000): Entwicklung von Paarbeziehungen. In: Kaiser, Peter (Hrsg.) Partnerschaft und Paartherapie, 97–111, Hogrefe-Verlag, Göttingen.

Schröder-Abé M, Schütz A (2011): Walking in Each Other's Shoes: Perspective Taking Mediates Effects of Emotional Intelligence on Relationship Quality. European Journal of Personality 25: 155–169.

Schulz von Thun, Friedemann (2014): Miteinander reden. Band 1–4. Rowohlt Verlag, Reinbek.

Stöcker, Kerstin, Strasser, Karin, Winter, Monika (2003): Bindung und Partnerschaftsrepräsentation In: Grau, Ina, Bierhoff, Hans-Werner (Hrsg.) Sozialpsychologie der Partnerschaft, 137–164, Springer Verlag, Berlin Heidelberg.

Von Sydow, Kirsten (2012): Bindung und Partnerschaft: Forschungsergebnisse und Implikationen für die Paar- und die Einzeltherapie. In: Brisch, Karl-Heinz (Hrsg.) Bindungen – Paare, Sexualität und Kinder, 61–79, Clett-Kotta Verlag, Stuttgart.

Wade NG, Johnson CV, Meyer JE (2008): Understanding the Concerns about the Use of Interventions to Promote Forgiveness in Therapy: A Review of the Literature. Psychotherapy: Theory, Research, Practice, Training, 45, 88–102.

Wade NG, Worthington EL Jr., Meyer JE (2005): But do they Work?: A Metaanalysis of Group Interventions to Promote Forgiveness. In E. L. Worthington, Jr. (Ed.).

Wardetzky, Bärbel (2004): Ohrfeige für die Seele: Wie wir mit Kränkung und Zurückweisung besser umgehen können. Deutscher Taschenbuch Verlag, München.

Widmer, Kathrin, Bodenmann, Guy (2006): Die Förderung von Paarkompetenzen zur Vorbeugung von Beziehungsstörungen. In: Lutz, Wolfgang (Hrsg.) Lehrbuch der Paartherapie. Ernst Reinhard Verlag, München.

Willi, Jürg (1988): Die Zweierbeziehung. Rowohlt Verlag, Reinbek bei Hamburg.

Willi, Jürg (1991): Was hält Paare zusammen? Rowohlt Verlag, Reinbek bei Hamburg.

Willi, Jürg (2002): Vorwürfe: Der Partner als Stimme des Unbewussten. Psychologie heute 5: 20–29.

Willi, Jürg (2007): Die Kunst gemeinsamen Wachsens. Verlag Herder, Freiburg im Breisgau.

Young, Jeffrey E. (2015): Schematherapie. Ein praxisorientiertes Handbuch. Junfermann Verlag, Paderborn.

Weitere Bücher von Jörg Berger

Stachliger Glaube
Wie wir Gott auf Abstand halten, ohne es zu merken
ISBN 978-3-86827-686-2
192 Seiten, Paperback

Wie nah sind Sie Gott?
Jesus hat Glaubenden einen Gott gezeigt, der nahbar ist: einen Vater im Himmel, der nie von der Seite eines Glaubenden weicht. Doch jeder Mensch hat seine Stacheln. Die fahren wir aus, wenn wir uns in einer Beziehung unwohl fühlen. Unsere Schutzmechanismen richten sich aber auch auf Gott. Sie sind Glaubenshindernisse und schränken unsere Nähe zu Gott ein.
Der Psychotherapeut Jörg Berger öffnet Ihnen einen ungewöhnlichen Blick auf Ihr Glaubensleben und Ihre Gottesbeziehung. Legen Sie Ihre Stacheln ab und lassen Sie sich tiefer auf die Gegenwart Gottes ein!

Mit Gebeten zum Nachsprechen.

Wenn es stachlig wird. Das Arbeitsbuch
Wie Sie schwierige Menschen entwaffnen und die eigenen Schwächen entschärfen
ISBN 978-3-86827-577-3
154 Seiten, Paperback

Mit den Bestsellern »Stachlige Persönlichkeiten« und »Meine Stacheln« sind die Leser schon in die abgründige Welt der Stacheln eingetaucht. Nun legt Jörg Berger ein Arbeitsbuch zum Thema vor, mit u.a. folgenden Inhalten:

- Steckbriefe »Schwierige Persönlichkeit«
- Fragebögen zur Selbsterfahrung
- Arbeitsblätter: Umgang mit schwierigen Persönlichkeiten
- Steckbriefe »Meine Schwächen«
- Arbeitsblätter: »Eigene Schwächen überwinden«
- 8 Einheiten für thematische Gesprächskreise »Mit schwierigen Menschen umgehen«
- 8 Einheiten für Bibelgesprächskreise »Wie geht Jesus mit schwierigen Menschen um?«
- 9 Einheiten »Von den eigenen Schwächen zu einer persönlichen Entwicklung«

Weiterführende Kapitel informieren, wie die Materialien für das Selbststudium, den Austausch zu zweit, Gesprächs- oder Bibelgruppen und für die Anwendung in Seminaren genutzt werden können.

Eine Einladung sowohl zum ersten Entdecken als auch zum Vertiefen.

Die 5 Sprachen der Liebe für Wenigleser
ISBN 978-3-86827-347-2
64 Seiten, gebunden

Immer wieder schicken Sie kleine Liebesbeweise auf die Reise und nie kommt einer so richtig bei Ihrem Partner an? Kann gut sein – viele Wege führen nach Rom, doch nur fünf zum Herzen des anderen. Hinein schafft es schließlich nur noch einer.
Welcher könnte das in Ihrem Fall sein?
Für alle, die kompakte Informationen schätzen, wird jede der fünf Liebessprachen kurz vorgestellt und durch eine Fülle origineller Cartoons hundertprozentig unverwechselbar gemacht. (Wäre ja auch zu schade, wenn man die Zeit für ein Candlelight-Dinner opfert und sie eigentlich schon mit einem Küsschen zufrieden gewesen wäre …)